Zeit

Was sie mit uns macht und was wir aus ihr machen

Rüdiger Safranski

時間之書

呂迪格・薩弗蘭斯基——著

林宏濤 譯

時間、事件與逍遙

耿一偉

我第一本買到的薩弗蘭斯基（Rüdiger Safranski）著作，是北京商務印書館於一九九九年出版的《海德格爾傳》（*Ein Meister aus Deutschland: Heidegger und seine Zeit*），在那本書裡，海德格（Martin Heidegger, 1889-1976）艱澀的哲學概念，被還原到不同的時間脈絡。原來過度抽象的術語，開始有了血肉，與哲學家的生平及環境發生連結。我們別忘了，海德格最知名的著作是《存有與時間》（*Sein und Zeit*, 1927），而人類活在世上的最重要特徵，對海德格來說，就是「憂慮」（Sorge）。如同薩弗蘭斯基在本書導論提到：「憂慮是我們的時間經驗裡一直在運轉的器官。它會襲向生活的每個領域，因為不管我們做什麼，或是成為什麼樣的人，都必須以時間的流逝為代價。」（頁16）

人為何會憂慮？答案不難理解，我們會死亡（正確的說法，是身邊會有至親好友死亡，讓我們體會到死亡的存在與不可測），我們領悟到人生在世的時間是有限的。面對這個有限的時間，我們開始憂慮要如何利用。海德格的觀念貫穿在《時間之書》這本書當中，自然也是因為在對時間的思索上，海德格是現代最具開創性也具影響力的哲學家。但《時間之書》並不是《存有與時間》的通俗版，薩弗蘭斯基只是建立在海德格對時間深刻分析的基礎上，為我們寫了一本時間的傳記。

薩弗蘭斯基非常會寫哲學傳記，顯示他的學識淵博，而且行文流暢，通俗易懂。在經歷《海德格爾傳》的愉快閱讀經驗後，之後他每一部作品的中譯本，從《尼采，其人及其思想》（*Nietzsche: Biographie seines Denkens*, 2007）、《席勒傳》（*Schiller: oder Die Erfindung des Deutschen Idealismus*, 2010）、《叔本華及哲學的狂野年代》（*Schopenhauer und die wilden Jahre der Philosophie*, 2010）、《榮耀與醜聞：反思德國浪漫主義》（*Romantik: Eine deutsche Affäre*, 2014）到《歌德與席勒：兩位文學大師之間的友誼》

（*Goethe und Schiller: Geschichte einer Freundschaft*, 2017），我都沒有錯過。傳記是對人一生的描述，而傳主的每個階段與下個階段，既有連結，又有不同發展。傳記主要在記錄與詮釋人生重要的轉折點，也就是關鍵性的事件。《時間之書》在書寫策略上，也遵循了這兩個原則，連結與事件。

《時間之書》的結構並非是每一章獨立，而是分階段的環環相扣。第一章〈無聊的時間〉結尾，從個人生活中找不到有意義的事件而感到無聊，推論到可以透過「決斷論」（又一個海德格的術語），選擇重新開始生活。於是這就帶領我們到第二章〈開始的時間〉。但是展開一個新生活領域的同時，未來的不可知也在等著我們，於是該章結尾又提到〈憂慮的時間〉。

第四章一開頭就將前三章併在一起論述，這前三章彷彿還處於時間的未成年階段，只與個人時間相關。第四章〈社會化的時間〉則進入了社會化的成年世界，與第五章〈時間管理〉一同討論從社會角度對時間的運用。第六章〈人的一生與世界時間〉更擴大範圍將人類整體的時間納入，探討歷史的作用。

第七章轉向從空間角度論述時間，首先是最大距離的〈宇宙時間〉。下一章則逆轉到最近距離的角度，也就是關於身體的〈屬己時間〉。第九章〈和時間玩遊戲〉依舊停留在身體經驗，但切換到另一個平面，從語言與藝術的創造性角度，看待個人如何體驗到時間的昇華，並在結尾把這個平面掀開，認為「在這裡發現的正好就是時間與永恆的神祕關係」（頁257），順利過渡到最後一章〈成熟的時間和永恆〉。

如果這些章節之間連結，有一定的內在邏輯，在這些內容背後，還有另一個隱而未見的重要概念，那就是「事件」。或許我們可以放慢一下腳步，思考一下什麼是「事件」。前面我提到，傳記總是在描述傳主生命中的重大事件，而不是把生活中所有點點滴滴，都納到傳記裡。《時間之書》同樣描繪了在理解時間過程中的重大事件。一旦問起「事件」到底為何，我們會發現自己陷入與奧古斯丁一樣的窘境——那麼事件究竟是什麼？沒有人問我，我倒清楚。有人問我，我想說明，便茫然不解了。

事件與時間一樣，是一個奧祕，彼此之間有密切關聯。薩弗蘭斯基在

《時間之書》中，經常提到「事件」，每一章都會出現好幾次，但他並沒有特別給予定義或說明。他在導論首先提到一般對時間的看法是「它不外乎事件可測量的久暫」（頁14），接著下一頁他又提到「當人們沒有什麼事件可以消磨，時間的流逝尤其明顯。」但我們可以確認，釐清事件的特質，對於解開時間的奧祕，至關重大，因為「一個真正沒有事件的時間並不存在。」（頁23）。

在《時間之書》的原著裡，「事件」的德文是用「Ereignisse」，這不免讓我們聯想到海德格晚期的另一重要概念「Ereignis」（本有）。海德格逝世十三年後才出版的遺著《哲學論稿》（*Beiträge zur Philosophie*, 1989），被視為是與《存有與時間》並列的重要著作，其副標是「從本有而來」（Vom. Ereignis）。關於這個術語的翻譯，如同海德格的「Dasein」（此有）一樣，向來有很多爭議。但即使Dasein不能等同於人，但把人視為最具代表性的Dasein，把事件理解為最具代表性的Ereignis，通常在閱讀海德格著作的過程中，最不容易迷路。

我們不妨來看一下在《海德格爾傳》對這個詞的解釋，薩弗蘭斯基援引海德格本人的說明：「但在此期間，所發生（Ereignis）的還只是孤獨（Einsamkeit），所以海德格用一連串與事件發生及孤獨押韻的字串來表達它，以 Ereignis 始，以 Einsamkeit 終：『Ereignis（事件發生）總是意味著 Er-eignung（為—佔有）……為—佔有（Er-eignis）以及它在時間—空間中的無根無底性中的配置是一個窩……』」

總之，事件就是時間被某些活動佔有了，有事忽然發生了，所以事件是有開始的。基於「任何一整個事件序列的開始，都會改變對時間的知覺。」（頁60），事件造成各種不同的時間現象，所以現代人面對了「媒體技術則是現代加速的關鍵事件。」（頁143）即使在物理世界裡，事件一樣重要，「所以說，宇宙不是沒有起點的，就連時間也有個開端：唯有事件發生，才有時間的存在。」（頁179）或許事件的方向性，跟熱力學第二定律有關，「這就是時間之箭：整個事件不可逆的定向性，從某個秩序的非隨機狀態到秩序瓦解的隨機狀態」（頁182）。

事件造成某種轉折，通常發生在外在，也可能出現在內在。薩弗蘭斯基強調：「例如說，人看到樹上一片有斑點的葉子落下，在秋風中款款搖擺……但是一旦人們仔細觀察它，這個事件就會嵌在記憶裡佇留一陣子。這個獨一無二的事件為了在現實世界裡找到一個位置，必須有若干證人。如果它不曾保存在任何記憶裡，那麼它就會像是從來沒有發生過一樣。」（頁214－215）所以事件跟時間一樣，並非全然客觀。人的時間感，可以從百般無聊到歡樂時光總是過得特別快，向來不是均質的。事件也可以誕生於虛構世界，一本小說，一場電影，一部影集。在故事的世界裡，事件甚至可以是「直線式的、網狀的、以及週期性的時間模型。」（頁242）在人類的創造性活動裡，事件不再是不可逆的線性，「詩會展開事件，而造型藝術則是把它們濃縮到某個瞬間。」（頁248）

即使海德格著重在伴隨死亡的有限時間所帶來的憂慮，但同樣深不可測的事件，如同每個生命誕生般獨一無二，也會不斷闖入我們的生活，改變時間的感受與方向，甚至「喚起令人欣喜若狂的片刻，把我們從平常

的時間虛度裡拉出來。」（頁265）

當然，薩弗蘭斯基為我們解說的時間觀念，主要是屬於西方的。如果換成東方，從佛教的輪迴觀、《易經》的變爻、《中庸》的「君子而時中」、《莊子》的「安時而處順」、北宋儒家程顥的「萬物靜觀皆自得，四時佳興與人同」，到俳句的日常瞬間，那肯定是時間的另一個故事，情調也不會是憂慮，而可能是逍遙了。

（本文作者為臺北藝術大學戲劇系兼任助理教授）

目錄

前言

正如霍夫曼斯塔（Hoffmannsthal）*的《薔薇騎士》（*Rosenkavalier*）裡的馬夏琳（Marschallin）所說的：

時間是個很奇怪的東西。
當人平平淡淡過日子，
時間什麼也不是。
然而，突然間，人除了時間，
什麼都感覺不到。[1]

——譯註——

*霍夫曼斯塔（Hugo von Hoffmannsthal, 1874-1929），奧地利小說家和劇作家。

時間不只是在人平平淡淡過日子的時候才會什麼也不是。奇怪的是，就算人們凝神注視著時間，它仍然什麼也不是。每個人都可以做個實驗，我們不妨注意一下時間奇特的流逝方式。過去還臨在的東西，現在已不再存在，而未來則尚未存在。時間使我們宛如站在一條狹窄的「現在」上面，兩邊都被一個「非有」（Nicht-Sein）包圍著：過去的「不再」（Nicht-Mehr）以及未來的「尚未」（Noch-Nicht）。人們或許會對此驚訝不已，或許會感到不安。無論如何，聖奧古斯丁（Augustinus）在他著名的《懺悔錄》（*Bekenntnisse*）卷十一裡就曾經因為時間的這兩個「非有」而陷入沉思並且寫道：「那麼時間究竟是什麼？沒有人問我，我倒清楚，有人問我，我想說明，便茫然不解了。」[2]

倘若時間就只是時鐘上的刻度，那麼關於時間的問題倒也容易回答。它不外乎事件可測量的久暫。然而我們總是隱隱覺得沒有觸及它真正的意義。於是我另闢蹊徑。我打算沿著時間的作用軌跡去探索它，描述時間對我們做了什麼，以及我們以時間創造出什麼。

我們關於時間的經驗的迷宮，它的通道是以無聊為起點的，當時間不想消逝，當它停滯下來，它往往最為引人注目。當人們沒有什麼事件可以消磨，時間的流逝尤其明顯。這段相對空虛的時間，雖然讓人感到痛苦難耐，卻一直挑戰著文學和哲學；當人閒來無事的時候，最容易察覺到人哪裡不對勁，這個假設是有道理的。（第一章）

當時間驟驟然有凝結之虞，當一切寂然不動，人也只能試著重新開始。把過去拋到腦後。每個開端裡頭所蘊藏的魔法，就在於啟動停滯的時間，它變得前景看好，拽著人跟著它走。當然其中也有些問題。我們會看到各種壓抑、破壞、肆無忌憚。

然而：時間給與我們大好機會，讓人不致於一直都是其過去的受害者，反而可以放下過去。從前是他人起的頭，現在則是人以自己作為嚆矢。這是開端令人振奮的時間。一個從頭開始的人說，我不再只是我，我也是個他者。（第二章）

開始的時間也會指向未來，而且是充滿信心的。然而人在迎向未來時也往往會憂心悄悄，各種形式的憂慮（Sorge），從掛念（Fürsorge）到未雨綢繆（Vorsorge）。因為我們不只是活在時間裡，更會意識到時間的存在，難免會有一整個展望未來的視域（Horizont）攤開在我們眼前，讓我們為它憂慮，為它未雨綢繆。憂慮是我們的時間經驗裡一直在運轉的器官。它會襲向生活的每個領域，因為不管我們做什麼，或是成為什麼樣的人，都必須以時間的流逝為代價。憂慮會把人孤立起來，卻也會把他們通通趕到一個社會集體裡，在種種現代的條件下，後者也可以說是一個「風險社會」（Risikogesellschaft）。（第三章）

時間被社會化。在這個環節上，開始了時鐘的宰制。時鐘只不過是一個社會機制。人們以各種得到社會共識的規律事件，從日晷到原子鐘*，去測量不規律的事件的持續時間。社會裡的所有事物都以時間串連在一起。在機械年代裡，時鐘成了支配工具，隨著鐵路的發明，也產生了火車行駛時間跨區協調的需求。現代科技使得遠距的即時通訊成為可能。而全球同步（Gleichzeitigkeit）的經驗也應運而生。這是史無前例的重大事件，

也是個扣人心弦的挑戰，甚或是現在的人們難以負荷的重擔。我們很可能正處在一種文化突變當中。（第四章）

社會化的時間也是管理化的時間。也就是拿時間來做交易。時間變成了金錢。社會和經濟活動大規模地不斷加速。社會裡形成了速度各自不同的領域，比方說，金融之瞬息萬變遠非民主所能及，因為民主決策必須從長計議。而政治角力也一直圍繞著一個問題打轉：由誰來規定節奏。時間被政治化。隨著這個加速，越來越多的未來被消耗，而過去的貶值速度也越來越快。現在以其大量垃圾使得未來負擔沉重，不斷消耗數百萬年來形成的自然資源：這是現在對於其他部分的時間的侵略。（第五章）

即使人們偶爾看起來完全被禁錮在社會化和管理化的時間，但是這個

——譯註——

*原子鐘是利用原子的一定共振頻率而製造的計時儀器，是世界上已知最準確的時間測量和頻率標準，也是國際時間和頻率轉換的基準。最好的銫原子鐘精度可以達到每五百萬年相差一秒。現在的世界標準時間即是由原子鐘報時的協調世界時。另見：http://highscope.ch.ntu.edu.tw/wordpress/?p=61923

領域並不能涵蓋一切。我們向外望去，遠眺世界時間，它遠遠超過我們個人一生的時間，也超過整個社會和文化的生命時間。以前的人們向來會把生命時間和世界時間做個有意義的連結。大自然的週期，宇宙的年代，基督教的救恩史（Heilsgeschichte）*，跨世代進步的觀念，以及作為一個更高等的發展歷史的演化——它們都旨在消除億萬斯年的時間的荒謬感，並且賦予它若干意義。（第六章）

但是當我們真的深入探究宇宙時間，就會發覺困難重重。愛因斯坦的相對論只會使得時間之謎更加難解。固然不是所有事物都是相對的，但也不是所有事物都存在於同一個時間裡。自然科學家認識到，時間並沒有絕對的長度。雖然它和其他事物一樣，也有開始和結束，也許它其實只是個表面現象。但是正當關於所謂時間的幻覺性格的各種理論呶呶不休的時候，時間已經流逝了。（第七章）

我們從宇宙回到身體及其律動的「屬己時間」（Eigenzeit）★：和在自己的身體裡體驗到的時間相遇。但是「屬己時間」不只是指意識的內在時間。在意識對於時間流逝的體驗裡，有著從現實到非現實的神祕轉變。如果再也沒有任何物質軌跡，「過去」又會在哪裡？意識是唯一的保管處嗎？如果遺忘介入，而且過去也從意識裡消失，那麼這個過去是否從來不曾存在？不只是對全體如此，對於個體而言也是如此。就任何隨著人們一起煙消雲散的事物而言，每個人都是它最後的見證者。即使是現代的儲存媒介（Speichermedien）也無濟於事，因為它們只保存外在軌跡，而不能保存內在狀態。時間意識揭露了「壞滅的暴流」（黑格爾語）。我們之所以能夠忍受，只是因為不斷會有新的現實跑到意識的舞台上，不過雖然近乎同時，每個浮現意識的印象終究是晚了一步。（第八章）

我們受到時間的支配而無可奈何。所幸我們至少能夠和時間玩遊戲。

——譯註——

* 「天主憐憫人類，決意拯救人類，揭示了他救援世人的計畫，並在人類的歷史中逐步實施，基督徒稱之為『救恩史』。」（趙一舟《教育大辭書》）

★ 這裡是引用高達美（Hans Georg Gadamer）的哲學術語，見：*Die Aktualität des Schönen*, 1977。「Eigenzeit」又作「原時」，指狹義相對論中在相對於時鐘為靜止的座標系中所量到的時距。

透過敘事，我們可以在時間裡自由往返。這或許就是文學魅力的奧祕。我們雖然臣服於時間的統治，卻能透過遊戲去支配時間。在和時間玩遊戲時，我們獲得了有期限的自主權，不管是在文學、繪畫或音樂的世界裡。在透過科技複製文字、形象和聲音的時代裡，和時間的遊戲再度改頭換面。不過有一件事是不變的：生命本身沒有重播鍵。（第九章）

「和時間的遊戲」與「成熟的時間」（erfüllte Zeit）有關，而成熟的時間則可以理解為所謂的「永恆」的預兆。永恆不是無止盡的時間，而是和時間迥然不同的東西。永恆是人類渴望的景象，不管是靈魂不滅，或是基督教關於肉體和靈魂復活的信仰，這些南轅北轍的想像都有個無解的矛盾：人可以從外部看自己，因而意識到自己的死亡；但是人不能在心裡想像沒有「自己」是什麼境況；人完全沒辦法想像自己的「非有」——由此我們或許會得到若干結論。（第十章）

第一章 無聊的時間

無聊的種種好處。事件過去了，時間來了。難以忍受的線性時間。等待。果陀。文化是消磨時間。從事件的帷幕窺見時間的虛無。形上學的耳鳴。對於無聊的浪漫主義考察。無聊之劇三幕。山重水複的時候，人必須自己找到出路。自由和開始。「生成」時間。

人之異於禽獸，在於他是會感到無聊（厭煩）的生物。當人生計無虞，當人閒來無事，盈溢的注意力就會轉向時間的流逝。由事件編織而成的間不容髮的地毯，原本使人們無法知覺到時間的流逝，現在也變得破舊襤褸，讓人瞥見所謂虛擲的時間。和純粹的時間流逝四顧茫然的邂逅，我們就稱之為無聊。

因為無聊，我們才得以體驗到時間流逝的廣袤無垠的向度，雖然是以很弔詭的方式：因為在無聊當中，時間並不想就此流逝，它會停滯凝固，它會綿延無盡而令人難耐。叔本華（Arthur Schopenhauer）說，時間這個東西，我們是在無聊當中才會體驗到它，而不是在消遣娛樂（das Kurzweilige）的時候。當人想要理解時間是什麼的時候，最好先從無聊的經驗下手，而不是求助於物理學。

威廉．詹姆士（William James）在形容「厭煩」這個狀態時說，「當我們基於一段時間相對空虛的內容而注意到時間的流逝」[1]，厭煩就會粉墨登場。

一個真正沒有事件的時間並不存在；總會發生什麼事。沒有事件就根本不會有時間，因為時間是事件的持續長度，嚴格說來，根本不會是空虛的。所謂的空虛感，因而只是對於事件興趣缺缺所致。而問題可能在於主體，也可能在於對象，大抵上則是和兩者皆有關。就主體而言，它也可能反應遲鈍，體驗能力很弱。他對許多事物總是無動於衷，因而一下子就會感到厭煩。當然他也不致於那麼遲鈍，以至於渾然不覺自己缺少了什麼。他會自顧自地打起盹來。如果說人會感到厭煩，那麼他必須有起碼的真誠、好奇和感受能力。

至於厭煩的對象，也有可能是因為眼前的現實世界真的乏善可陳，一點吸引力都沒有，就像機器運轉的單調聲音。原本的興味可能因為一成不變而逐漸褪色。消遣娛樂也會讓人無聊。歌德說，「外在事物有規律的重複」原本是生命「惹人喜愛的優點」，它讓人覺得安穩可靠而且優游自在（**Behagen**）。但是當這種優游自在變成一種習慣，就有可能讓人無聊，甚至變成令人厭倦的絕望。「據說有個英格蘭人，」歌德說：「他因為再也不想每天穿脫衣服而懸樑自盡。」[2]

一個充滿想像而清醒的人，當外在刺激變弱或完全消失，他會以內心的事件應急一陣子，例如種種回憶、念頭和幻想，不過撐不了多久，因為就連他都會覺得時間變長了，就連他到頭來也會覺得厭煩。

叔本華認為厭煩的傾向和生命的各個階段有關。在青年時期，人類意識的吸收能力比較強，也總會對於新穎的對象感到興奮。在他眼裡的世界充滿著種種印象。因此，就算一整天的時間漫長而沒有盡頭，他也不會覺得無聊，幾天到幾個星期下來宛如有半個永恆那麼久。而成人則只有在特殊狀況下才會有這種感覺，例如廢寢忘食地工作或是旅行。人活得越老，越覺得光陰似箭。「如果一天過得像其他所有日子，」湯瑪斯・曼（Thomas Mann）的《魔山》（*Zauberberg*）裡有一句話說：「那麼，這所有日子便只如一天；完全的一致會使最長的生命彷彿很短。」[3]當然，人只有在回頭看的時候才會覺得生命有如白駒過隙，而眼下卻有可能正因為歲月如流而感到不耐。生命並沒有為人留下什麼。

在前後事件的間隙當中，時間尤其醒目。它彷彿是從埋伏處突然衝出來，因為對於我們一般的知覺而言，時間總是躲在事件後面，我們從來沒有如此直接而迫近地經驗到它。簾幕破了個洞，時間在後頭打呵欠。如果人不時看一看時鐘，更會覺得百無聊賴，因為由規律的節拍或是指針的轉動標示的時間長度，會讓人覺得沒什麼事發生而很難捱，正因為如此，空無一人的牢房裡持續不斷的水滴聲也被人當作一種刑求。失眠的人最能體會空無的時間有多麼折磨人。當代哲學家中以失眠者著稱的蕭沆（E. M. Cioran）*曾經談到這個經驗：「凌晨三點。我感覺到這一秒，接著下一秒，我回顧每一分鐘。這一切所為何來？——就因為我被生下來。由一個個不成眠的奇特夜晚，逐漸形成了對於誕生的疑問。」[4]

不過內在或外在事件的漸漸隱沒，還不足以構成無聊的經驗。相反

——譯註——

* 蕭沆（E. M. Cioran, 1911-1995），羅馬尼亞哲學家，主張存在主義、悲觀主義、虛無主義和懷疑論，以「二十世紀的尼采」著稱，以片簡文體創作二十多部作品。

的，人的心裡必須有個擾動不斷在發酵，一個軟弱無力的渴望，它雖然浮現心頭，卻不會縈迴不去。在無聊的時候，人不會眼神專注地沉溺在任何事物裡，而會心不在焉，感覺到時間的無盡延伸，然而那不會讓人感到自由或是歡欣鼓舞，反倒使人感到困蹇無力。當人看到這一切都必須自己來，自己為生活賦予一個內容時，他就渾身乏力。如此感到無聊的人會心煩意亂地問道：我今天還是必須愛做什麼就做什麼嗎？他焦躁不耐地等待著，卻不知道在等待什麼。那是一種空虛的喧鬧，宛如內在時間的脈搏。一個片刻接著一個片刻，時間的漩渦也一瘸一拐地尾隨在後。

時間病理學應該對於「和時間有關的強迫思考」現象很熟悉。有個女病患對心理醫師蓋布薩特（Viktor Emil von Gebsattel）*說：「我必須不停地想著時間的流逝。」她幾乎再也感覺不到任何事件，不斷襲上心頭的，就只有對於那些事件發生的時段的認知，而把所有事件都和時間劃等號的這個念頭，也延伸到她對世界的認知。那位女病人接著說：「當我聽到一隻鳥在啾啾叫，我不由得心想：『它剛才叫了一秒鐘。』滴水的聲音讓我很受不了，幾乎要抓狂，因為我總是不禁想到：『現在又過了一秒鐘，接著又一秒鐘。』」

在單音裡，不斷重複的各個時間點撐起了一個線性的時間序列。托伊尼森（Michael Theunissen）★認為，在無聊當中的這種時間經驗，可以理解為「由於多向度的時間次序的崩壞而被引渡到線性時間次序裡」。[5]這意味著：由過去、現在、未來構成的三度時間次序，在反省中可以層層疊加，現在卻限縮成線性時間流逝的滴答聲。那是不由自主的知覺限縮，它完全磨滅了時間經驗的可能財富。那些在當下的體驗中湊上一腳的回憶和期望，為時間增添了一個容量、寬度、深度和長度。然而當線性時間突顯出來，時間就萎縮成線性的時間序列，變成相同的東西的單調重複：現在、現在

——譯註——

* 蓋布薩特（Viktor Emil von Gebsattel, 1883-1976），德國精神科醫師、精神治療師、哲學家和作家，是把人類學方法應用到精神分析的先驅。

★ 托伊尼森（Michael Theunissen, 1932-2015），德國哲學家，研究領域主要是自黑格爾以降的現代哲學，尤其是齊克果哲學。

和現在。這是無聊的「壞的無限」（schlechte Unendlichkeit）*，人們只是指望著最後會發生不同於這些現在、現在、現在的事物。那是個空虛的等待。

人們在等待的時候應該不再感到無聊，因為他們會指望著某個事件的發生，而這就產生了緊張關係。時間再怎麼久都不會引人注意，因為意識裡充滿著那個等待中的事件。

以邂逅為例吧。你坐在咖啡店裡等她或他，心裡的念頭千絲萬縷，種種期待的快樂、喜悅和好奇此起彼落。你完全沉浸其中。但是你在等的那個人遲到了。你懷疑自己是否記錯約會地點。你感到有點被侮辱了，因為你覺得自己被擺了一道。在等待中，惱火、委屈、失落、忿怒之類的情緒紛至沓來——但是你不覺得無聊。

人們殷殷期盼的事件如此，擔心害怕的事件也是這樣，種種預感層出不窮，可是通常不會覺得無聊。在辦公室裡則偶爾有點不同。你可能會覺得你的時間被偷走了而沒辦法善加利用它。

所以不是所有的等候都和無聊有關，可是反過來說，所有無聊的感覺都包含了等候，那是不確定的等候，等候虛無。無聊所包含的等候是個空虛的意向（leere Intention），正如現象學家們所說的。★

貝克特（Samuel Beckett）的《等待果陀》（*Waiting for Godot*）以有點喜劇的味道，把「空虛的等待」展現為人類的根本境遇。舞台有兩個流浪漢佇立等候，不管是他們或是觀眾都不是很清楚他們到底在等候什麼。因為他們等候的是果陀（Godot）。但是沒有人知道他到底存不存在，而就算他存在，他們也不確定他到底會不會來，如果他會來，又會是什麼時候。在這些不確定當中，果陀的形象不見了，只剩下空虛。兩個主角不知

——譯註——

* 語出黑格爾：知性的反思將無限的東西在性質上和有限性分離。它「只是對立雙方的一方」，「只是個殊物，和有限並立，而以有限為其限制或界限，並不是應然的無限，不是真正的無限，而只是有限的」（《小邏輯》）。這樣的無限的東西「便可以叫做壞的無限物，或知性的無限物」（《邏輯學》）。

★ 指胡賽爾（**Edmund Husserl**）。見氏著：《邏輯研究》（*Logische Untersuchungen*）：「清晰的直觀也會有個不清楚的、『伸手不見五指』的對象，其內容是擬似的內容，是空虛的意向，這個空虛的意向（指向一個空虛的所指的空虛的意向）對應於『空虛』（空虛的所指），一個擬似的空虛。」

道他們在等候什麼，也不知道該怎麼辦。「來吧，我們來聊聊天。人會說話就表示他還沒死，」正如貝恩（Gottfried Benn）*所說的。於是他們想到什麼就聊什麼，想到什麼就做什麼。可是那麼做只是杯水車薪，也沒有得到足夠緊密的關連，好讓他們（以及觀眾）忘卻對於憑空流失的時間的感覺。《等待果陀》於是在一夜之間變成現代主義的經典劇作，因為它揭露了所有戲劇的商業祕密。所有色彩豐富、匠心獨運、高潮迭起的戲劇，都只是在企圖殺時間而已，不過都沒有成功。如果戲劇成功的話，由節奏緊湊的事件編織而成的帷幕就會變成遮掩流失的時間的隔板。貝克特在《等待果陀》裡嘲諷這種生活中不可或缺的營營擾擾。由事件編成的帷幕還是很破舊。虛無的微光一再穿過了帷幕。

維拉迪米爾：……問題是我們到底在這裡做什麼。而我們運氣不錯，剛好知道答案。是的，在這一團混亂當中，有件事很清楚：我們在等待果陀的到來。

艾斯特崗：是啊。

維拉迪米爾：或者是夜晚的來臨。……我只知道在這種情況下，時間過得很漫長，而這麼長的時間迫使我們非得做些事情來欺哄人。……你可能會說這樣可以防止我們的理性崩潰……。

艾斯特崗：我們生來就瘋了，有些人還繼續瘋……

維拉迪米爾：我們等待。我們……煩死了，這沒什麼好否認的。好，機會來了，而我們做了什麼呢？我們只是白白浪費罷了。[6]

這裡指的是潑佐（Pozzo）和幸運（Lucky）在他們面前表演的那段主人和僕人的戲，就像莎士比亞（William Shakespeare）的《哈姆雷特》（*Hamlet*）一樣的戲中戲。他們抱怨自己錯過了一個消磨時間的機會，維

——譯註——

* 貝恩（Gottfried Benn, 1886-1956），德國表現主義詩人，著有：《陳屍所和其他詩歌》（*Morgue und andere Gedichte*, 1912）、《肉》（*Fleisch*, 1917）、《瓦礫》（*Schutt*, 1924）、《雙重生活》（*Doppelleben*, 1950）、《靜態詩》（*Static Poetry*, 1949）。

拉迪米爾和艾斯特崗固然沒有拒絕，卻也沒有善加利用。可是他們是無辜的：這個機會本身缺少耐久性。主人和僕人的那場戲就算可以排遣無聊，到頭來卻也使它更醒目。這兩個主角所體會到的，是所有娛樂的基本法則：無聊會潛入他們原本用來排遣無聊的工具裡。文化（如果我們願意把舞台上的這場鬧劇當作它的象徵的話）就源自對抗無聊的戰爭。而這也是所有遠大目標的基礎。

齊克果（Søren Kierkegaard）也以同樣的幽默把無聊解釋為文化和歷史的原動力。他在《非此即彼》（*Entweder-Oder*）的著名段落裡說：「諸神覺得無聊，所以造了人。亞當覺得無聊，因為他形隻影單，所以神替他造了夏娃。從那一刻起，無聊就來到世界，和人口的成長成正比。亞當先是獨自一人感到無聊，接著亞當和夏娃一起覺得無聊，後來則是亞當、夏娃、該隱和亞伯一整個家族感到無聊，而隨著世界的人口增加，所有民族都感到無聊。他們為了解悶，於是想到一個點子，造了一座塔，塔頂通天……後來他們分散到世界各地，就像我們現在到處旅遊一樣；可是他們還是覺得很無聊。」[7]

齊克果說，無聊是「所有惡的根源」，所以說，人是需要消遣娛樂的生物。然而消遣有墜落的危險。他們會墜落到哪裡？墜落到「空虛」的時間裡。那就是真正的原罪。

其實，「無聊」在中世紀的基督教世界裡叫作「懶惰」（acedia），是屬於重罪。它被理解為心靈的怠惰、頑固，乃至於拒絕接受那為人灌注生命的神。拒絕神的人會感到自身的空虛，這是十七世紀的巴斯噶（Blaise Pascal）對於無聊的解釋。如果說神是至高者，那麼人所感受到的空虛就是祂的陰影：否定性的至高者，虛無。神填充了時間，人卻不讓神充實他們，因此只剩下空虛的時間，可是人們覺得很難捱，於是到處找尋消遣作樂。巴斯噶推論說，現代人的奔波忙碌就是這麼來的。巴斯噶寫道，所有的不幸都是因為人們「沒辦法安安靜靜地待在他們的房間裡」[8]，而他們之所以沒辦法靜下心來待在房間裡，那是因為他們受不了獨處的生活。巴斯噶又說，他們之所以沒辦法獨處，則是因為他們缺少了神。原本神所在之處，現在成了空房間，它吸住人們，而且很可能將他們吞噬。人們在無聊裡感受到的，就是對於內心的空虛的恐懼。那比看到外頭空虛的太空更恐怖，巴斯噶以同樣聳動的話喚醒人們：「被無限廣袤的空間吞噬……我全身發抖。」[9]

巴斯噶認為，人們想要逃脫內心的無聊，藏身在外頭的消遣作樂，就這麼來來回回折磨自己。對他們而言，無聊不只是個心理狀態，更是個形上學的狀態，是沒有得到救贖的人的病症。那是一種意義被掏空的時間的病。和虛無的相遇。

齊克果的思想也是依循著這個傳統，他說無聊是個力量，它「把人推到虛無面前」，那「意味著人神關係變成否定性的」。[10]

西元一八〇〇年前後的浪漫主義者，對於空虛的時間既陰暗又危險的祕密特別敏感。即使無聊這個東西再怎麼深不可測，他們還是以文學的魔法裝飾它。他們對於這個主題的感受力有種種主觀和客觀的前提。在主觀上，他們渴望任何體驗，受夠了生活的常態，因而覺得百無聊賴。另一方面，他們也更加明確地嗅到了客觀變化的徵兆：隨著中產階級生活關係方興未艾的理性化（Rationalisierung）和機械化（Mechanisierung）的除魅（Entzauberung），浪漫主義者從感傷派（Schule der Empfindsamkeit）發展到自我宗教（Ich-Kult），他們對於無聊很敏感，因為他們太過專注在自己的內心世界而忽略外在的現實；另一方面，他們也對於外在的社會現實的種種變化相當敏感。「整個民族真的不可能，」艾興多夫（Joseph von Eichendorff）*寫道：「就算是盡一切外在努力，還是沒辦法感受到內心的煩悶（Langweiligkeit）這個萬惡之源嗎？」[11]

對於浪漫主義者而言，無聊的生活是現代世界的重要話題。他們為了至今我們仍然感受得到的經驗創造一種流行的文學形式，因此他們在這裡依舊插得上話。提克（Ludwig Tieck）★的青少年小說《威廉·洛威爾》

——譯註——

* 艾興多夫（Joseph Freiherr von Eichendorff, 1788-1857），德國詩人、小說家、浪漫主義作家。

★ 提克（Johann Ludwig Tieck, 1773-1853），德國浪漫主義詩人、作家。

（*William Lovell*）對於無聊的描繪尤其細膩入骨：「無聊真的是煉獄的折磨，我到現在為止還沒有看過比這更沉重的折磨。身心的痛苦讓精神疲於奔命，不幸的人只能在悲嘆中消磨時間，在紛紜雜沓的念頭底下，時間悄悄飛逝：就在我閒坐看著自己的指甲，在房間裡踅來踅去，然後又坐下來，揉一揉眉毛，思索些誰曉得什麼東西；然後又看看窗外，接著又換個姿勢，坐到沙發上……唉，告訴我有哪一種痛苦像這種癌症一樣，一點一滴地侵蝕時間，人們就這麼一分一秒地錯過它，反正一天這麼漫長，有這麼多個鐘頭，可是一個月後，人們卻會驚呼：『天啊，真是光陰似箭！……』」[12]

這是在描寫一個暫時的、卻又夠折騰人的無聊。提克在後來的一部作品《夜話》（*Abendgesprächen*）則又描述一種頑固地糾纏人們一輩子的無聊：「你一輩子都沒有遇過真正厲害的無聊嗎？我說的是那種沉重的，深埋在我們的存在深處的，固著在那裡頭的無聊：而不是一聲輕嘆或是隨興的大笑就可以打發掉，或者抓一本輕鬆的書來看而任其流逝的。那種根深柢固的、憂鬱的磋跎生命的感覺，甚至不覺得想要打呵欠，只是枯坐冥想，而不曉得自己在想什麼，那種與世浮沉，宛如呂內堡（Lüneburg）的草原一般的闃靜而荒涼，那種心靈的鐘擺的停止狀態，相較之下，煩惱、不安、焦灼和厭惡，倒像是身在天堂般的感覺。」[13]

就像巴斯噶和關於「懶惰」的傳統教義，無聊的經驗被理解為疏離意義（Sinnferne）的存在狀態，忍受一種時間的支配，人們感覺到它不是創造性的，而是掏空的。那些喚起這種經驗的種種狀況其實是很低等的。那只會讓人聯想到黑色浪漫主義（Schwarze Romantik）*所描寫的「人的境況」（conditio humana）：在內心的深淵裡，人們聽見時間的呼

——譯註——

* 黑色浪漫主義（Schwarze Romantik），十八世紀末的一種浪漫主義，以非理性、邪惡、狂亂為訴求，揚棄理性至上的啟蒙運動，包括拜倫、雪萊、愛倫坡、福樓拜、波特萊爾、薩德、霍夫曼等人。

嘯聲，一種形上學的耳鳴。而如果說這些狀態的確扮演重要的角色，十九世紀日漸扁平化（Verflachung）的社會發展也不容小覷。霍夫曼（E. T. Hoffmann）[*]和艾興多夫曾經感嘆地方特色的喪失以及城市生活的千篇一律，席列格（Friedrich Schlegel）[★]也觀察到隨著法國大革命以後的均平化趨勢。

我們現在也還會感受到這種扁平化，而由於品味、時尚和貿易的全球化，更有日益氾濫的傾向。至於那種由於標準化以及文化工業的齊一化所造成的、來自外在世界的無聊，則有太多的誘因了，不管是過去或現在，尤其是在現代游牧族的據點和集散地，在飛機場、火車站、大賣場和購物中心。

在現實世界的虛無主義的這個過境室裡，消磨時間的人們彼此匆匆打個照面，身後是「厭惡留白」（horror vacui）[†]，眼前則是欲望的液晶螢幕。現在的人們的確有個印象，覺得市中心區的景象看起來就像是城裡人們的內心生活。浪漫主義者往往會以乾枯的幾何學原理去比擬外在城市景象百無聊賴的荒蕪。以提克為例，由於直線總是取最短距離，因此代表著單調乏味的生活基調。而象徵著遊戲之源泉不竭的曲線和排列，則退到背景後面。那無法一眼看透的東西披著黑暗的外衣，如果可以另闢蹊徑的話，往往會給人驚喜，如艾興多夫所說的，造成一種「引人遐思的迷惘」。這也是為什麼人們會讚賞蜿蜒曲折的中世紀城市，相較於井然有序的法國公園，偏好雜亂無章的花園。直線的、井然有序的東西，雖然看起來很寬敞，卻產生弔詭的效果，讓人覺得逼仄促迫。這是因為空間的規律性會造成猶如時間的反覆一般的效果，讓人們覺得單調乏味，既疲憊又壓抑。整齊劃一的空間相當於時間裡不斷反覆的事物，兩者的結果如出一轍：無聊。

——譯註——

* 霍夫曼（Ernst Theodor Wilhelm Hoffmann, 1776-1822），德國浪漫主義作家，著有大量中短篇小說，此外也創作歌劇、彌撒曲和交響樂，作品以神祕怪誕著稱，採用自由聯想、內心獨白、多層次結構等手法，對於現代主義影響很深。

★ 席列格（Karl Wilhelm Friedrich Schlegel, 1772-1829），德國詩人，文學評論家，哲學家，語言學家和印度學家。

† 「厭惡留白」（horror vacui），語出亞里斯多德：「大自然厭惡真空。」在藝術上有一種風格，偏愛以物品和元素將空白填滿，勝於留白或留空。

在十九世紀之交，大多數困苦勞頓的人們，仍然不知無聊為何物。孟德斯鳩（Montesquieu）說，只有名流士紳、富商巨賈才會為無聊所苦。盧梭（Rousseau）也說過，人民不會感到無聊，因為他們終日操勞。他說，無聊是專屬於「有錢人的大皮鞭」，還有許多正事要做的老百姓，卻必須以所費不貲的「餘興節目」去「娛樂」那些有錢人，他們才不會「無聊得要死」。[14]這種事由來已久。現在需要消遣的不再只是有錢人，更包括大眾。就此而言，這種境況可以說是民主化了。

一整個產業於是應運而生，人們才不會「無聊得要死」。他們生產的不只是商品，更包括種種體驗，旅行、體育賽事、電影、電視、網路，如舒爾慈（Gehard Schulze）在《感受的社會》（*Die Erlebnisgesellschaft*）裡所說的，藉此轉移失望的所有可能來源。如果人們對於商品不夠投入，就有可能感到失望。那是一種「不是我的」、「還不夠」的失望。現在則有所謂「無感的失望」（Enttäuschung des Nichterlebens）。他們原本應該提供人們排遣無聊的商品，然而當人們還是覺得無聊，他們就會注意到自己的失望。可是由於人們是消費者，他們通常不會想到，他們之所以會感到無聊，其實自己也有責任。人們可以認為是外在供給不足，而不必「思索自己是否參與了感受的產生過程」[15]。在電視機前面，人們拿著遙控器不斷轉台，從一個節目跳到下一個節目。專注的時間越來越短暫，感受的序列也越來越片段，結果呢，無聊、空洞的時間的感覺，又滲入由於這個漠不相關所造成的裂縫裡，而人們又會急著要遮掩它。於是他繼續轉台，到頭來甚至完全不記得自己有一台電視機。

到目前為止，我們談到的是用來遮掩或轉移令人難以忍受的時間流逝的種種事件，或者說由事件構成的帷幕。可是如果什麼事也沒發生，那麼到底發生了什麼事？時間的流逝本身只是吸引人們不安的注視而已。

像海德格（Martin Heidegger）這樣的人，是不會滿意這種診斷的。在無聊裡透顯出來的「虛無」吸引了他。他在其中看出了人的無根基性（Abgründigkeit）。在《形上學之基本概念》（*Die Grundbegriffe der Metaphysik. Welt-Endlichkeit-Einsamkeit*〔1929/30〕）長篇大論的序言裡，對於作為基本經驗的「無聊」，他提出鞭辟入裡的分析，其觀察入微是從前的哲學家們不曾有過的。在這裡，「無聊」變成一個哲學事件。我們來看看他幾乎有如咒語一般的若干分析。

海德格想把他的聽眾扔進一個巨大的虛空裡，讓他們聽見存在的噪音，他要創造一個瞬間，在其中什麼也沒有，沒有人們可以抓住或用以填充自我的任何世界內容。只有空洞的時間流逝。在無聊的時刻裡，時間固執地突顯自己，不讓人打發它、消磨它、或是有意義地填滿它。海德格以一百五十頁的篇幅，不厭其煩地闡述這個主題。他必須喚醒那個無聊，才能對它進行分析。這就是形上學的開端。因為它其實是在探討世界萬有和虛無的問題。他證明了無聊如何以弔詭的方式把形上學經驗的兩端（世界全體以及個別存在）連結在一起，世界全體從人們手中滑落，卻因此抓住了人們。世界不斷地撤退，在它留下的虛空裡，或者在它打開的深淵裡。「到頭來，一個深層的無聊是否有如沉默的霧一般，把我們拉進此有（Dasein）的深淵（Abgründen）*裡。」16

在這些無聊的深淵前面，「厭惡留白」往往會湧上人們心頭。我們把時常出現的空無的感覺視為日常經驗，而我們更是習以為常地馬上想辦法遮掩這個空無。現在人們必須勇敢地（是的，那是一種勇氣）忍一陣子，很久的一陣子，而不急著遮掩那空無的不安。那是不容易的事，因為人往往不由自主地沉溺在世界裡，而不像在無聊的時候想要跳脫它。可是對於哲學的洞見而言，這種跳脫是有必要的。海德格說他的哲學就是誕生自對於虛無的感覺，誕生自無聊，並且意識到戲劇化的拾級而上。他所思考的場域越是空無，張力就越大。

當人「由於某物」（von etwas）而感到無聊時，這種情況似乎很明確。因為有個可辨識的某物，一本書、一場表演、某個人，無聊就由此而生，而人也會把無聊歸因於它。因此，無聊是從外面侵入的，它有個外在的原因。

譯註

＊深淵（Abgrund）或譯為「離基」或「無根基」。

可是如果原因不再這麼明確，如果說它既是從外面侵入，也是自內心湧現的，那麼人們應該是「在某物那裡」（bei etwas）感到無聊。我們不能說，沒有準時進站的列車使人感到無聊，然而人們因為列車誤點而陷入的境況，卻會使人感到無聊。由於一個特定事件的緣故，人們感到無聊。這個無聊惱人之處，在於人們在對應的境況裡開始感到無聊。人們不知道那是從他自己開始的，而其結果是，人們開始的其實是虛無。例如說，無聊的夜生活不僅令人厭惡，更會讓人陷入輕微的恐慌，因為那透露了他自己才是讓人感到無聊的人。這個境況的確很複雜，因為讓人感到無聊的，往往是那用來排遣無聊的行為。關於消遣活動的基本法則，前面提到過，無聊會潛伏在那些排遣它的舉措之中。或者換句話說：被用來對抗無聊的東西，總是早就被它感染了。時間要被驅趕到哪裡去？那消磨時間的「此有」要漂到哪裡去？難道存在本身有某種黑洞嗎？

最深層的無聊是不可名狀的。它不會喚起任何特定的感覺。我們會說，「人感到無聊」（Es langweilt einen）。海德格對這個說法做了細膩的分析。這裡有雙重的不確定性：「Es」（它），可以是一切也可以什麼都不是，無論如何不是什麼確定的事物。以及「einen」（某人），當然是指人自己，不過是個沒有特定人格的存有者。無聊宛如把自我也吞噬了，後者畢竟羞於當個無聊的人。海德格以這個「Es langweilt einen」，去形容一個既被填滿又能填滿一切的時間完全的缺如，去形容某個片刻，在那個片刻裡，人什麼都沒興趣，也什麼都不要求。海德格以一貫令人費解的說法，把這個「被放空」（Leergelassenheit）形容成「被引渡到整個來說扞格不入的存有者那裡」。於此，我們來到了合乎海德格胃口的一種形上學的核心，而他也刻意「透過對於無聊的本質的闡釋去逼近時間的本質」。[17]他問道，在那填滿一切的東西完全的缺如裡體驗到的時間是什麼？它不想溜走，它駐足，它使人被動地停滯不動，它「使人入迷」（bannt）。人一直有一種強迫的躁動不安，沒辦法停駐在任何東西上，更別說是自己。因為這個自我呆若木雞，喪失了個性。於是感到無聊的人不僅是脫離了世界，也脫離了他的自我。他只剩下時間，不過這個時間再也不是人自

在第二幕裡，一切都遠離，巨大虛空的事件、自我和世界都變成虛無，時間停滯。

在第三幕，那遠離者，自我和世界，終於又回來了。一切都掙脫出去，從死寂的那個點重生。再度來到世界。第二個開端。從無聊的曠野回來的人，有了蛻變的機會：他的自我以及事物以更鮮明強烈的方式和他相遇，在一定程度上開顯自己為某種存有者。當然那是不可能比較的，可是這個比較卻又無比精確。

以無聊作為開端，這到底行得通嗎？它難道不是決斷論（Dezisionismus）嗎？★沒錯，它是決斷論。人們會快刀斬亂麻，然後重新開始。從哪裡開

——譯註——

* 「zeitigen」或譯為「到時」，這個譯法渾不可解；又譯為「時間化」，是依據英譯「to temporalize and unfold」的解釋。

★ 海德格所謂的決斷論，是要人們放棄消極的存在，而積極地探索存有問題，開創屬己的可能性。在每個單一行動的決斷面前，任何規範或標準都是虛無的。

始？從開始本身。人必須先開始從事些什麼，才能看著辦。等候是無濟於事的。如果沒有什麼好機會，那麼就必須把自己當作好機會去把握它。

第二章——開始的時間

開始的樂趣。文學場景裡著名的從頭開始的人，從卡夫卡、弗里施到韓波。史威特和史耐德事件。開始、自由和決定論。初訪奧古斯丁：經過編寫的歌曲。開放和封閉的時間。現代生育繁殖的困難開端。從自己開始、自己動手。漢娜・鄂蘭的「新生」哲學。前景看好的開端的種種機會。

開始做某一件事的興致，人人都品味過。一段新戀情。一個新工作。新年。新時代。在歷史裡，開風氣之先叫作革命。儘管革命終究會把它的信用玩完，然而一個浴火重生的片刻的神話卻不曾消褪。一七八九年巴士底獄的攻陷，一九一七年聖彼得堡冬宮的佔領，一九八九年柏林圍牆的開放。這些片刻都有著回到原點的激昂熱情，一場新的遊戲：我們一切從頭來過。什麼都可能發生！

有些開端搞得太大了。一段戀曲可能有個開端，接著也總會有後續的故事。然而故事拖得太長了，以至於再衰三竭，到頭來，開始的結束變成了結束的開始。

每天都是另一個開端。就像讀一本新書。他不必翻到前頁，反正上下文他都忘了。眼前一切有如沃野平疇。一個新世界逐句地展開。

每個真正的開端都含藏著蛻變的機會。人們將會擺脫和過去有關的一切，他們的歷史、傳統，以及許許多多使他們深陷泥淖的事物。但是這個自信滿滿的動作，如何能夠把某個東西拋在腦後而不受其羈絆？那的確很困難，然而對於一個新的開端的夢想卻是更加引人遐思。

文學或多或少都和開創的探險有關。相較於生活的栖栖遑遑，文學是個虛擬的行動，一個試驗。一個作者會以傳記作實驗，即使是以他自己的一生。他呈現種種不同的生涯。在這些敘事裡，他跳脫了一般的時間序列，嘗試另一種生活。在這個意義下，不管任何主題，文學始終是一個新的開端的表現，畢竟它的主題往往必須有個開頭。

有一部世界名著和「開始」有關：卡夫卡一九二二年未完成的小說《城堡》。卡夫卡曾經自況說：「我的生活是出生前的猶豫。」[1] 他讓小說裡的人物，土地測量員K，實驗一次新的開端。他沒有任何過去，不知道從哪裡冒出來的，徒步前往一座城堡，想要重新開始。他還沒有因為熟稔、習慣或是文化的自我認知而喪失知覺。他還有機會去發掘一個遼闊的世界，在還不屬於那裡的人的眼裡，那只是個很普通的世界，正因為他在那世界裡是個新人。對於那世界的這個初窺正是卡夫卡作品的魔力所在，不只是對我們，也包括作者自己。卡夫卡在寫作裡找到快樂，因為對他而言，這裡的「開始」開啟了一個新世界，雖然裡頭往往敘述著抑鬱而痛苦的故事，卻又處處充滿神祕和驚奇。因此，每當開端的動力消耗殆盡，他的那些構思汪洋宏肆的小說創作總會戛然而止。

弗里施（Max Frisch）[*]的小說《史提勒》（*Stiller*）裡的角色是另一個現代人的原型，受苦於不斷追求新的開端的渴望。史提勒是個不得志的雕塑家，他自願從軍加入西班牙內戰，和妻子尤莉加（Jurika）的婚姻也觸礁。於是史提勒遠走美國，希望改頭換面，有個新的生活。後來他改了名字回到家鄉[★]，卻因為「史提勒」這個名字而被捕。過去是人的身分，它會在人的故事裡自我開顯。史提勒想要徹底重新開始。他的筆錄的第一句話，也是小說的開頭，就是：「我不是史提勒。」經歷了種種痛苦之後，他才終於明白：他只有真正接受自己，才能夠重新開始。人逃避自己，是不會有新的開端的。或者會有？

就在幾年前，還發生了一個真人真事的故事。雖然勒格威（Claus Leggewie）[†]據此寫了一本很動人的書，這個故事還是被人們淡忘了。[2]

一九四五年五月二日，一個叫作漢斯・史威德（Hans Schwerte）的人跑到呂貝克（Lübeck）的警察局報案說他在東部的文件遺失了。他的本名其實是史耐德（Hans Ernst Schneider），他是德國文學博士，也是二戰時的黨衛軍軍官。他以前是希姆勒（Heinrich Himmler）‡成立的「德意志源流研究學會」（Die Forschungsgemeinschaft Deutsches Ahnenerbe）的主任，該機構也在達郝（Dachau）集中營從事活人醫藥實驗。一九四一到四二年間，他在荷蘭佔領區負責發行宣傳品，並且管理大學事務。

這位史耐德博士化名為史威德，開始新的生活，再婚、重讀大學並且取得博士學位，這次的論文題目則是《里爾克的時間概念》（*Zeitbegriff*

——譯註——

* 弗里施（Max Rudolf Frisch, 1911-1991），瑞士作家和建築師。創作許多戲劇和小說，包括《史提勒》（*Stiller*）、《玻璃玫瑰》（*Homo faber*）。

★ 他改名為懷特（James Larkin White）。

† 勒格威（Claus Leggewie, 1950-），德國政治學家。

‡ 希姆勒（Heinrich Luitpold Himmler, 1900-1945），納粹德國政治首領，曾任內政部長、黨衛軍首領，戰爭犯，二戰末期於拘留期間服毒自殺，是史上最凶殘的劊子手。

bei Rainer Maria Rilke），並以《浮士德與浮士德精神》（*Faust und das Faustische. Ein Kapitel Deutscher Ideologie*）升等，這篇論文堪稱自由派和意識型態批評的德國文學研究經典。他的學術生涯一帆風順，於一九六五年獲得阿亨工業大學（RWTH Aachen）教席，一九七〇到七三年當上系主任，並且擔任德國和荷蘭大學交流委員，過了三十多年，他又回到這些荷蘭大學任教。他是深受教職員和學生愛戴的大學老師、教職最高位階的「大教授」（Großordinarius）、一九七〇年代自由派大學改革的推手、學者，他的文學史研究論文是德國文學研究的現代潮流典範。史威德在退休時榮獲聯邦十字勳章（Bundesverdienstkreuz），一九九四年，荷蘭電視台記者準備要起他的底，消息傳來，令他大吃一驚。他在同年搶先一步自首。他的教授資格、職位及退休金通通被撤銷，雖然這些成就都是他正正當當取得的。他在一九九九年死亡，他在安養院裡臨終時說他再也不理解這個世界了，他已經自行「去納粹化了」[3]。

有人說，如果漢斯．史威德在戰後德國用史耐德這個名字，其實也可以成就一番事業。或許吧。但是無論如何，換了一個外在身分，至少讓他免於輿論的羞辱和懲罰。史耐德事件真正令人詫異的是，這個身分改變顯然不只是外在的。史耐德有了一個新的內心世界，一個史威德的內心世界，一切發生得太突然了，我們沒辦法說那是一個學習歷程。史威德幾乎無縫接軌地擺脫了史耐德，穿上了史威德的外衣，只有保羅的歸信才能形容這個突然的轉變。他在一夕之間從種族主義的理論家搖身一變，成為德國文學批評家。他沒有因為換了身分而傷腦筋；他原本可以一輩子當他的史威德的。那麼史耐德到哪裡去了？史威德教授如何和史耐德博士（以前的他）一起生活呢？一定會有內心的衝突吧。在史威德的手稿裡，有許多令人咋舌的段落記載了關於角色扮演及戴上面具的種種難題。事實上，「史威德」不只是「史耐德」的面具而已。用俄羅斯娃娃來形容還比較貼切一點。一個人生套疊在另一個人生上面，這證明了一個人生裡頭容得下好幾個人生。

撇開史威德（史耐德）事件的道德評斷不談。而他偏偏又是個聲譽卓著的德國文學教授，而文學不正是都在從事身分改變的想像美化嗎（不然文學是什麼）？在現實生活裡堅持這個身分的改變，為這個故事憑添魅力。因為這種故事正是文學引人入勝之處，很可能哪一天這個史威德事件就會以另一本《史提勒》登場。

史威德的生活就像韓波（Arthur Rimbaud）*在談到前衛詩的難題時所說的：「我是另一個人。」[4]史威德證明了：人可以成為另一個人。整體而言，一個人之所以被定義，正是因為他不能被定義。就像史威德事件，那不必是兩個不同的現實生活，只要人一直躲在想像世界裡就行了。

持續不斷的新身分就相當於一個人格。韓波筆下的故事戛然而止，不再混跡在巴黎流浪藝術家之間，反而跑到亞丁（Aden）★，從事軍火和奴隸買賣。韓波有了個新的開始，他的「我是另一個人」也應驗了，而這當然和那些視冒險為畏途的前衛藝術家們所想像的大異其趣。

像韓波、史提勒或史威德（史耐德）這樣的人，他們總是沉浸在幻想裡，因為人們喜歡講述一個人只是出去買包菸就一去不返的故事：他只是一直往前走，走得太遠了，而有了一個新的開端。

人是怎麼有個新的開端的？

有可能是因為遺忘。遺忘是一種藝術，它可以在原本沒有任何開端的地方找到開端。以歌德的《浮士德》為例。他不停地奔逐，歷經痛苦和歡樂，也招致若干不幸——尤其是這個不幸。放眼望去，不知道怎麼往前走。歌德自己也不知道，他厭倦了發展到現在的故事，於是讓他的浮士德睡著。遺忘的沉睡，它使得《浮士德》的評注家們徹夜難眠。對《浮士德》的評注家們而言，「史威德事件」倒還好些，因為他一定知道有所謂遺忘的睡眠療法這種東西。

相反的，心理治療師對這種遺忘則是咬牙切齒。他們想當然爾地把這種具有療效的遺忘解析為一種潛抑作用，而且喜歡要他們的案主回到

——譯註——

* 韓波（**Arthur Rimbaud, 1854-1891**），十九世紀法國最重要的超現實主義詩人，對現代文學、藝術及音樂影響甚鉅。

★ 一八七六年，韓波加入荷蘭軍隊到爪哇去，於回法國途中經過賽普勒斯，就在亞丁定居。

他們所臆測的童年景象，而人們其實早就忘得一乾二淨了。的確，有人說，探究人的過去可以擺脫過去對人的支配。然而人們往往覺得，一直被放在心裡的過去，它並不會就這麼過去。大家都知道佛洛伊德（Sigmund Freud）要把自我的自主權還給人們。我們再也不必被一個不明所以的、難以駕馭的過去支配。由於早期創傷引起的回首重來的衝動也應該放下了。我們應該對現在和未來敞開心胸。我們應該能夠重新開始。但是如果人一直陷溺在過去的迷思裡，那麼他就越來越難以找到新的開端。我們應該把過去和現在的關係理解成權力的問題。我被過去支配或是我支配過去——這是大哉問。尼采說：「唯有擁有一種能力，也就是使過去對生命有所裨益，從過去的事物當中重新創造故事，人才會成為人：但是在歷史（Historie）的洪流裡，人會再度停下腳步，如果沒有『無歷史者』（das Unhistorische）的外衣，他既不敢也不會重新開始。」[5]

遺忘是我們本性的一個仁慈寬大的功能，它原本應該是把行動必需的事物盡可能保存在記憶裡的。不過回憶往往會踰越這個分際。我們不僅僅記得當下現實目的所需要的東西。柏格森（Henri Bergson）*在一九〇七年的《創化論》（*L'Évolution créatrice*）裡說：「總是會有一些過剩的記憶如奢侈品一般偷偷穿過虛掩的大門。它們，無意識世界的信差，讓我們看到在自己身後不知不覺拖曳著的東西。」[6]我們拖曳在身後的東西，這一大袋子大多模糊不清的回憶，可能會沉重到讓人沒辦法走向未來。其結果就是在行為上躊躇不前。波赫士（Jorge Luis Borges）★在一篇短篇小說裡虛構了一個什麼東西都不會忘記的人。[7]那真是恐怖極了。這個傢伙因為縈迴眼前的種種過去而動彈不得。他腦子裡滿滿的都是過去，既沒有未來，也沒辦法活在當下。這個思想實驗告訴我們，行動本身其實也意味著任憑時間流走，並且相信它不會堆積在記憶裡。行動者總是信任對自己有好處的「善忘」，通常也是第一個原諒自己的人。不然的話，他

——譯註——

* 柏格森（Henri Bergson, 1859-1941），法國哲學家，一九二七年諾貝爾文學獎得主。

★ 波赫士（Jorge Luis Borges, 1899-1986），阿根廷作家暨詩人，創作大量短篇小說、詩，以及文學評論。

或許會無所措其手足。

唯有起個頭，人才能有所行動。行動總是多少有點暴力，它要掙脫種種桎梏，不再隨波逐流，它要採取主動，把時間的投資都限定在和行動有關的事物上面。行動者固然也很想深思熟慮，不過不入虎穴焉得虎子，若干程度的肆無忌憚還是難免的。如果人凡事都要掌握行動的所有先決條件，並且評估一切後果，那可能會沒完沒了，也沒辦法踏出行動的第一步。如果人終於決心開始行動，那麼每個行動就會像是在整個世界不可預知的因陀羅網中穿過一條新的線——其後果依然是不可預知的，但是有個明確的開端。

任何一整個事件序列的開始，都會改變對時間的知覺。在這個當下，時間會變成液態的。因為我在動，它才會動，因為我改變自己，它才會改變自己。時間會開放自己，因為一個不確定的未來，它的吸引力大過從前種種事物的重力。科賽列克（Reinhart Koselleck）*說：「期望的視域」（Erwartungshorizont）主宰了「經驗的空間」（Erfahrungsraum）。[8]「展望未來」（Vorgriff）往往比「率由舊章」（Rückbezug）重要得多。行動一般都是如此。當然，誠如科賽列克所說的，每個時代都會有明顯的差別。在近代以前，「率由舊章」往往比較佔優勢。那是有史可徵的東西，是我們的傳統，我們不會想要偏離它，即使有什麼鼎故革新，我們也會說那是繼述先人遺業。相反的，近代世界標榜的是創新而不是率由舊章，那是個開創者的年代。現在的人則說，那些開創者一個比一個還無知。如果他們的交流像今天的我們（或者說是眼裡只有今天的人）那麼無遠弗屆，那麼他們或許再也不會注意到當下以外的東西。正好相反，什麼也無法阻止他們不顧一切的開創。

每個行動裡都隱藏著創始的熱情，因此我們會把它和單純的功能區分開來。行動、創始和自由，它們是密不可分的。然而現在人也被定義成完

——譯註——

* 科賽列克（Reinhart Koselleck, 1923-2006），德國二十世紀最重要的歷史學家。他所謂的「展望未來」（Vorgriff）是指對未來的預期，和海德格的「既有概念」（或譯為「先設概念」、「前把握」）不同。

全被決定的、沒有自由的存有者。這也和時間經驗有關，因為人們早就把時間的前後相續解釋成因果關係。先前的事物被認為是後繼事物的原因，因此似乎有個必然性在支配著整個事件。早在自然科學發現必然性的領域之前，神的概念裡就包含了它。神是時間的主宰，所有事件都臣服於源自神的必然性。神不只預見事件，他更預定了事件。依據這個觀點，自由就只是個幻想（猶如現在腦神經科學的主張）。我們所謂的創始，其實都是神的定旨，或者是大自然的必然性預先決定的。

奧古斯丁在他的《懺悔錄》探討時間的第十一章著名的歌曲比喻裡，說明了神在時間裡的行動以及人的不自由。[9]有人熟記一首歌，準備在眾人面前演唱，那要花一段時間：他先從過去、從記憶裡把那首歌叫出來，現場演唱了一段時間，也就是延伸到未來。在時間的前後相續當中流動的歌曲，使得橫跨了一段時間的行動明顯可見。奧古斯丁說，我們也應該如是想像神在時間裡的行動。「如果人具備如此遠識卓見，能知一切過去未來，和我熟悉的歌曲一樣，這樣的識見太驚人了，真使人恐怖。」

時間的主人掌握整個時間，就像演唱者掌握他的歌曲。

演唱者對他的歌再熟悉不過了。可是如果是神的歌，那麼我們只是其中的一部分，一個音符或一個字母，而不清楚整首歌。我們是歌曲的一部分，它宛如不斷在運算的程式，我們完全插不上手，而神則是那至高無上的程式設計師。這令我們想起《駭客任務》（*Matrix*）那部電影，裡頭的人以為他擁有自我，但其實只是程式的產物。那個操縱他們的程式裡頭包含了他們未來。他們並沒有真正的行動，他們並沒有在執行程式，相反的，他們是被執行的動作。

我們是神的一首歌，這個想法乍聽之下還挺不錯的，直到我們在這個美妙的畫面裡驀地發現到一個駭人的景象，原來一切早就已經預定了。對奧古斯丁而言，當他年紀漸長，這個想法就越加令他困擾不已。西元四三〇年，當汪達爾人入侵北非、包圍他的城市和主教區，他重病不起。圍攻廝殺的聲音傳入臥房之際，他叫人在羊皮紙上抄錄《詩篇》裡的四篇懺悔詩，把它掛在牆上，好讓他在病榻上讀誦。他感覺到在時間裡發生的一切，其實自始就已經被決定了，就像一首歌，這個想法讓他痛苦不堪。他覺得他自己的時間只是一個超越時間的大能者在作工時的虛幻表象。不管人開創了什麼，他其實一點機會也沒有。一切都已經預定好了。時間成了夢魘。在神的意旨裡，時間完全凝固。所有運動都只是假象。完全被決定了的時間再也不是時間。它變成封閉的空間。我們也可以說它變成了監獄。

有一種時間認知會否定自由，也有一種時間認知會和自由攜手並進。在決定論的世界觀和人性觀裡，時間失去了開放未來的性格，變成可以預見的東西。如果說當下的X事件必然導致Y事件，那麼Y事件的未來就早已經塵埃落定了。如此的未來再也不是開放的。由於人們在一定程度下可以洞察、以技術操縱並且重覆因果歷程，於是他們以為未來只不過是可以計算的、延伸的現在。那是流程和機械的時間，和開放的時間正好相反，後者和自由的經驗息息相關。

如果我現在決定著手某個行動，或許我在事後可以基於若干條件去解釋我的行為。但是在我能夠解釋某個行為之前，我得先做了再說。人的行為取決於許多難以察覺的衝動。儘管如此，我還是必須在眾多的理由和衝動之間做決定。所謂的解釋，只是對行為的事後評論，在回顧的時候，排除了開始行動時的開放境況。解釋往往是為了卸責。人做了某些事，然後心理學家、生物學家和社會學家解釋說，那些行為其實是身不由己的。因為他遭遇了某些事，而誤以為那是他自己的行為。於是人得以免責。這也致使人們在行為時投機取巧。人們在一開始行動時就可以為了種種惡果找到事後推諉卸責的解釋。在談到承擔責任和後果之前，人早就準備好不在場證明。

現在我們已經可以解開基因密碼的排序。在可見的未來裡，我們可以根據DNA進行預測，並且對我們的基因重新編程。這不正好證明了人處處受到制約，證明了人早已失去了自由以及創始的能力嗎？不，我們可以做的事，應該從哪裡開始，我們還是免不了要做決定的。於是，在許多大型基因工程的外圍，誕生了倫理委員會。人們不能透過基因編程抹煞決定的自由。

我們是能夠自己開創一切的存有者，因而會探究開端的問題，如何從自己開始，如何從整個世界開始。

首先是對譜系的好奇，也就是我們從哪裡來的問題。在現代的種種條件下，這個問題變更得很複雜。西碧兒．勒維查洛夫（Sibylle Lewitscharoff）*頗為貼切地說它是現代的「繁殖大雜燴」（Fortpflanzungsgemurkse）。10不管是現在或未來，人們會越來越覺得自己是種種施設造作的產物。賜予我身體的人，以前是父母親，未來或許是捐精者、捐卵者、代理孕母、繁殖技術員，以及基因銀行，他們把一個人釋放到世界裡，使他覺得自己像個有血有肉的投資標的。遺傳命運的揭露及其種種避免的可能，使得傳統上對於可利用和不可利用的、關於死亡與疾病、偶然與必然的看法搖搖欲墜。

此外，人和時間的關係也跟著改變了。因為人的整個生命時間宛若一個產品的有效使用期限，由基因決定，並且可以最佳化、買入、賣出、編列預算或買保險。可是這一切都是從求子心切的觀點去看的。說大話的是基因工程的凶手，而不是它的受害者。他們原本就會這麼做。前者基於求子心切，利用培養皿、精子銀行、卵子倉庫和代理孕母，他們是所謂的開創者。而得出的產品就是被開創的東西。人們指望他們會想要看一看他們的製造過程有多麼令人失望。為此，他們必須活下來，如果人們沒有很羞愧地把他們藏起來的話。然而這也是極為殘忍的剝奪。因為所謂的求知欲，最初無非是渴望知道自己是從哪裡來的。

以前人們會把自由和創造的開端之間的內在關係投射到天上或地下。基督教信仰及其衍生的形上學在那個開端發現深不可測的神性自由。「起初，上帝創造天地……。」「從無中創造」（creatio ex nihilo），這個思想之所以匪夷所思，那是因為它把宇宙萬有的開端歸因於一個無法解釋的自發行為。在關於神的想像裡，開端的自由的經驗堂而皇之地被安置在

——譯註——

* 西碧兒．勒維查洛夫（Sibylle Lewitscharoff, 1954-），德國作家，二〇一三年獲布希納獎（Georg-Büchner-Preis）。

世界的中心。沒有任何事物強迫神創造世界。世界的誕生不是必然的結果，相反的，存有是神的自由行動的產物。一個源自自由的開端。神的自發行為。神才是真正的創始者，他甚至創造了我。在以前的信仰裡，人們當然也會推論說，「自無中創造」始終依賴於「不斷的創造」（creatio continua）。也就是說：存有沒辦法自我保存，它依賴於不斷注入的神恩。神恩的不斷注入就叫做愛。因此，基督教的存有學（Ontologie）的基本原理也可以這麼說：蒙愛是存有的潛態（Sein-Können）的預設。基督教信仰告訴我們說，我們都是神所盼望的孩子，我們雖然會隱隱覺得自己的誕生和我們的父母親沒什麼關係，卻也差堪告慰。當人感到蒙愛，也就有了主動開創的勇氣。愛（無論是神恩或是人間的愛）必須在世界遊戲（Weltspiel）*當中，才能大步向前。

而在現代的世界觀裡，這一切都已經沒落了。我們冷漠地望著自然及生命的製造。如果我們不再相信愛是存有的根基（Seinsgrund），我們如何去面對我們的偶然性呢？我們豈非仍然是個渴望愛的生物，很難放棄被關注的感覺？我們難道不也需要一個由意義和意指構成的氛圍，有如空氣之於呼吸一般？我們難道不也需要時間的讚許，一種被時間承載著的感覺？

要開始做一件事，其實要有一點勇氣，一種基本的信任。我們必須覺得時間是站在自己這邊的，感覺到時間在支撐他。然而對於世界和時間的這種信任就像是深淵上的一座橋，人只有走上去，它才會往前延伸。我們不知道那種信任是打哪裡來的，或者只是自己的想像。哲學傳統有一大部分的工作，是鼓舞人們堅定他們脆弱的自信，讓人們找到屬於自己的開端。康德（Immnauel Kant）以他一貫的乖僻形容開創的能力以及被創造之間的緊張關係：身為凡人，我們的開端其實是父母親的一個行為，那原本是個罪行，因為他們「不經一個人的同意就把他生到世界上，專斷地領他到這裡來」。[11]所以，我們應該把新生兒的哭聲理解為一種忿怒。基

——譯註——

＊語出海德格。見："Das Wesen der Sprache", in: *Unterwegs zur Sprache* (1959)。

於這個理由，父母親有責任讓這個小朋友「對他的現狀感到滿足」。那麼他們該怎麼做？他們應該激發這個孩子自我決定的能力，讓他能夠擺脫別人的決定。這就是理性的作用。理性使那個我對它莫可奈何的開端的醜行得到了補贖，只因為我在理性當中發現了開創的自由。唯有當我了解到自己的開創能力，我才能夠接受我的被造。因此，康德也把理性的喚醒（或者更好說是激發）形容為第二次的誕生。現在誕生的，不再是非自願的新生兒，而是個能夠面對自己的開創者。

他要開創自己。整個困難點都在於這個自己。那意味著一個有意識的「我」和他的「自我」的反身關係。那麼這個「自我」是什麼東西？它涵括了到現在為止的我，以及未來可能的我；已經成為現實的我，以及仍然在潛態中的我。我能夠也必須用以開創什麼的時間是屬於我的。當意識遇到自己的自我，它也必須承擔起它自己的時間，不管那是它的負擔或是它的機會。這裡有個難題。因為人必須承擔他既莫可奈何、不是他做的、因而也不必負責任的事。然而人不得不概括承受他的存有（例如自己的身體），以及他身處其中的時間（也就是命運和環境）。然而如果要承擔的東西太過沉重，也可能是一場浩劫。人的承擔可能有雙重意義。也就是說，既是從自己開始，卻對自身的開端無可奈何。

在我們的時代裡，尤其是漢娜．鄂蘭（Hannah Arendt），自從她逃過猶太人大屠殺之後，便概括地提出一個關於「開始」的哲學。一個在其中可以窺見她對海德格的愛的哲學。正當海德格撰寫他的「搶先奔向死亡」（Vorlaufen in den Tod）的哲學時，他跑到她在馬堡（Marburg）的閣樓上。大難不死的鄂蘭，就像每個戀人一般，以一種「奔向開端」的哲學和這個「奔向終點」的哲學相互酬唱。「拯救世界，也就是人類事務的領域，

> 使其免於……毀滅的神蹟，歸根究底，其實就是生命誕生的事實……，那是嶄新的人和嶄新的起點的誕生，是他們與生俱來的行動能力。」[12]

漢娜．鄂蘭從對於「開始」的人類學式的理解直接推論到民主文化裡的共同生活的理念。她說，每個新加入者之於彼此都是個獲利，前提是人們願意讓他去開創，也就是開展他種種獨特的潛力。這正是民主的機會：

社會的活力之保存，是由於人們在體制規則的支持下能夠互助合作，以各自開創其未來。種種遊戲規則、限制和義務都是必要的。雖說每個人都有自己起步的途徑，仍然不可踰越最起碼的共識和協議。這不能算是什麼缺點，反倒反映出社會的活力和人性。因為如果人們要在一個共同世界裡和諧相處，就必須同中存異：每個人都來自不同的起點，也會停在各自不同的終點。民主必須承認這點，才能夠不斷重新探討關於共同生活的問題。而民主本身亦然：它必須不斷重新面對自己，才能夠生生不息。重點是要維持一種民主文化，讓每個人都能開創自己的未來，或者至少能夠找尋自己的起點。有一點顯然是確定的：就出於自由的開端而言，在某個點上治癒世界的計畫會是其終點。

如果一切順利的話，「開始」的時間會是個熱血沸騰的片刻，人會覺得和時間一起攜手並進。「開始」的時間是個人的時間，他發現自己是個開創者，用馬克思的話說，拋掉「舊時的破爛玩意兒」*。「開始」的時間掙脫社會的枷鎖，預見一個新的生活領域。然而「開始」的時間難免又會回歸社會的軌道。而憂慮的時間正在那裡等候著。

——譯註——

*見《德意志意識型態》。

第三章——憂慮的時間

憂慮——主司時間經驗的心理作用。對於時間之流的憂慮。海德格的憂慮：沉溺在世界裡而且逃避死亡。作為可能性的意義的憂慮。問題是：在憂慮中保持自我。重新發現一個「最幸福的民族」。沒有未來意識就沒有憂慮可言。在風險社會裡的現代化的憂慮。古老的憂慮的重返。

以前的人會只專注於時間，把它當作僅僅在眼前的對象。人們盡量站在所有事件遠處去觀察它們。他們看到什麼？事件的消逝。但是如果人故意對消逝的事件視而不見，那麼到底消逝了什麼？例如說，我們凝視著時鐘，觀察指針。它顯示了什麼？在哪裡轉動的是時間嗎？不，是指針，那還是一個事件。又或者我們讓時鐘停止轉動。時間作為對象是不可捉摸的。在其間不斷推移的一直都是事件。或許是外在事件，也可能是內在的。如果人試著靜下心來，他會注意到內心的活動、內在的衝動或者人的不由自主。人總是會掛念著什麼。如果人注意到他的這種掛念（Besorgen），那麼他也會發現它和一種意向的緊張狀態（intentionale Spannung）有關。人一直在追逐些什麼，瞄準什麼東西，不管是在空間或時間上。在空間上距離遙遠的東西，或者是在時間上還沒有到來的事物。這個意向的緊張狀態，它指向還沒有到來的東西或者再也不存在的東西，就是我們感覺到的時間。

走出我們自己以外，我們就沒辦法不憑著事件去思考時間，它只在我們心裡活動，那正是意向的緊張狀態。海德格隨興卻一語中的地稱之為此有（Dasein）的「被延展的自我延伸」（erstreckte Sicherstrecken）。[1]因為那不像是人遇到什麼外在對象，也不是它們臨到人們頭上，或者人們一直靜觀其變。若干世紀以來，人們都是以這種模型去描繪我們的認知態度。可是在我們的意識裡，那其實只是例外狀態。它往往會掛念著在逝者如斯的時間視域裡出現和相遇的人或事。意向性正是這種不安和擾動，這種關係形式。

這個「自我延伸」有兩個意義：在空間上和在時間上。在空間上，它是從這裡到那裡的延伸，在時間上，它是從現在到未來。由「此有」主動實現的這種時間關係，海德格稱為「生成」（zeitigen）。有人認為這個說法不值一哂。然而它很準確地指出兩種時間的差別，其一是人覺得自己被包含在裡頭的時間，另一種則是人們一起創造出來的時間。「生成」是指向未來的。人們往往會有個「既有概念」*，替自己撐起一個由種種期

——譯註——

* 這裡的「既有概念」是動詞「vorgreifen」，指的是海德格所謂的「Vorgriff」，有許多中文譯名，諸如「先行掌握」、「先設概念」、「前相」。

待和評估構成的視域，就現實的觀點來看，相遇的世界也會因此變成掛念的世界。海德格把「憂慮」（Sorge）和主司時間經驗的心理作用劃上等號，可謂神來一筆。他的主要作品《存有與時間》（*Sein und Zeit*）有一半以上的篇幅是在「憂慮」的觀點下對世界關係的準確分析。

海德格在闡述人的「此有」為什麼是一種「憂慮」時，引用了聖伊琪（Hyginus）的寓言故事，在故事裡，「憂慮」以比喻的角色粉墨登場。庫拉（拉丁文作「cura」，就是「憂慮」的意思）渡了河，看到一大片陶土地，於是抓了一團土捏成一個東西。接著她央求朱庇特對著那團土吹進氣息*。庫拉想要為這個剛剛創造的東西命名，於是想以替它吹入氣息的朱庇特為名。這時候地神提魯斯（Tellus）★突然站起來，也要以他為名，因為那團土是出自他身上。諸神爭執不下，於是找農神撒頓（Saturn）仲裁，撒頓裁決說，因為朱庇特賜予它氣息，所以它死後氣息要還給他，而那團土則要還給提魯斯。「不過這個生物起初是『庫拉』捏出來的，所以只要它活著，就一直歸庫拉（憂慮）所有。」[2]海德格在一篇關於《浮士德第二部》的學術論文裡也提到這個寓言。他發現歌德在最後一幕的場景也是受到這個寓言的啟發，而讓憂愁登場。三個灰色的女人（罪愆、匱乏和患難）退場以後，「憂愁」卻穿過門縫，對浮士德說：

誰若被我佔有，
世界就化為烏有，……
他在富有之中飢餓，
不論快樂和苦惱，
都把它推到明晨，
只期待將來，
絕不會有什麼成就。[3]

——譯註——

* 意譯為「將靈灌注進去」。

★ 拉丁文作「Tellus」，「土地」的意思。這裡的字面意思作「大地隆起」。

憂慮是針對時間而言的。時間裡不確定而無法預見的東西喚醒了憂慮。人感到憂心，因為他遠眺未來，眼下卻沒辦法完全看清楚。海德格說，在憂慮裡，人「總是已經走在自己前面」。人感到憂慮，因為他不知道那些和他攸戚相關的事態會如何演變。憂慮總是和某個「未然」有關。或者是還沒有發生的事，或者是雖然發生了，我卻不知道有那麼一回事。憂慮是針對未來的事物。此外，人們心裡總是會掛念什麼事。就時間點而言，憂慮（sorgen um）當然比照顧（sorgen für）明確一點。當人照顧自己或別人，那最多只是說他承擔起自己或別人，不管是在財務上或其他方面。可是為某件事感到憂慮則有所不同。這個事件可能受到無法預見的時間的威脅而令人憂慮。憂慮不會僅止於被動的等候，它會變成掛念，進而轉化成行動。每個行動都會連接到一個無法預見的結果，在時間的推移中才會揭曉。人難免會憂慮，因為他沒辦法預見或眺望一切。因此掛念和憂慮一直是形影不離的。沒有任何憂慮是針對過去的，如果有的話，也是對未來有後續影響的過去：人會擔心什麼尷尬的事被別人知道，擔心因為疏忽而產生嚴重的後果，擔心要為過錯付出代價，擔心報應就要臨到頭上。

人會擔心別人，但是他尤其會擔心自己。憂慮也是一種自我關係。人自己想要做點什麼事，卻不知道是否可以信任自己。但是什麼叫做不能信任自己呢？這也和時間有關。因為人不知道他還是不是以前所認知的那個自己，或者說，當事到臨頭，他是不是會胡思亂想。

時間的轉變和環境的更替，對於人所憂慮的這個自我影響尤甚。然而教人憂慮的不只是未來和當下的環境。由心裡表現出來的自我其實也很脆弱。令人嘖嘖稱奇的是，儘管歷盡各種體驗和印象，自我往往還能夠堅持做它自己，不致於四分五裂，因為每個認知、相互的理解，都意味著他在某個片刻裡變成了另一個人。人會變成他在外頭認知或理解的自己。在日常生活裡持續不斷的蛻變，人們大多習焉而不察。那是因為人們總是誤以為意識是在我心裡，而外頭則是和我相遇的世界和人們。但其實不然。意識不是在心裡頭的，因為它是對某物的意識，因此它是在外頭的世界、事物和人們那裡。

人們誤以為生命是意識的內在空間，使得我們無法在每個知覺行為裡感覺到我們每天的蛻變。當我知覺到另一個人，我總會在自己心裡模仿他一下。阿多諾（Theodor W. Adorno）和其他人曾經以「擬態」的概念去理解這個心理作用。我們的擬態能力使我們想到所謂的「人格同一性」（Identität）有多麼易碎。然而它一直堅持自我同一，由此可以推論說，在和他者的關係裡始終包含了和自我的關係。康德說：「在我所有的表象裡，必須能夠伴隨著一個『我思』。」[4]可是憂慮偶爾會躡手躡腳地襲上心頭，人可能會迷失在外頭的對象或其他人那裡，人甚至可能在無數令人心旌搖曳的感受之後難以找回自己：做自己絕對不是那麼簡單而理所當然的事，如果人流連忘返於外在的感受的話。關於自我意識堅持做自己的這個事實，布魯門堡（Hans Blumenberg）*有個一針見血的說法：「所謂擁有對象，蘊含著不一定要成為它。」[5]如果我們認為人不是「擁有」它就是「成為」它的話，那麼就誤解了這個想法。其實，這個「擁有」往往使人免除了「必須成為」（Seinmüssen）它的負擔。這不是我們與生俱來的，而是文明的偉大成就，是每個年輕人必須重新適應的。

但是我們至今探討的是憂慮的自我如何保存自己，而不會迷失在憂慮的世界裡。這是第一個面向，以下是第二個：

自我不僅必須在和他者的當下關係中堅持做自己，更令人訝異的是，它也要過去以及未來的自我當中堅持下去。也許這就是基本的時間經驗，它奠基在時間化的自我關係裡。那是什麼意思？令人訝異的是，居然有過去和未來這種東西，而在一切都在時間裡，可是最令人百思不解的，卻是我現在的這個自我以前就存在了，而且未來也會存在。其實情況要複雜得多：隔著猶如深淵般的時間距離，人在看自己的時候，他既是一個他者，卻又是他自己。換言之，人想要那麼看自己，卻不是每次都做得到。未來和過去的自我會使人和自己漸行漸遠，使得他對自己很陌生而無法理解。對自己的憂慮使人陷在自我保護和自我主張的難題裡。人不是只有在枯坐

——譯註——

* 布魯門堡（Hans Blumenberg, 1920-1996），德國哲學家。

冥想時才會被這些難題糾纏不清，而在日常生活裡，在現實的行為裡，忠誠或承諾，為過去或未來的事承擔責任，在每一紙簽字的合約上。這一切都蘊含著一種承諾：不管時間如何變化，我一直是同一個我，過去的每一個承諾，我都有責任信守。我不能推諉說在這期間我已經變成另一個人了。如果這都能夠成立，那麼所有社會責任和契約都會失效。社會生活有個核心概念，那就是自我始終如一。自我這個東西或許是虛構的，但是如果沒有它，就沒有所謂的社會生活。由這種承諾、約定產生的緊張關係，就是憂慮的時間。

憂慮的時間是令人覺得無法預見的開放的時間。或許真的有個毫釐不爽的因果律，真的有個決定論的時間。如果人的智能有辦法全盤理解它，那麼當然就沒有憂慮的理由，因為再也沒有不確定的東西。有不確定的東西，才會有憂慮。即使我們知道有件事終究會發生，也有可能不知道什麼時候才會到來，因此憂慮總是無法停歇。因為我們會憂慮是否該早做打算，不要錯失時機，我們是否頂得住，或者只要坐壁上觀就行了。

人終有一死，這是確定的。那麼就沒有理由憂慮了嗎？可是我們不確定什麼時候。因此我們會憂慮。在優里庇德斯（Euripides）*筆下的普羅米修斯（Prometheus）神話裡，太初的人不只知道他們會死，更知道他們的死期。他們因此整天哀聲嘆氣地蹲在洞穴裡。普羅米修斯卻讓他們忘了自己到底哪一天會死。於是人類變得勤奮能幹，而普羅米修斯又賜予人類火種，使人更加發揚蹈厲。人們不再因為確定自己的大限之日而嗒然若喪，而只會為了不確定的死亡感到憂慮。對於海德格而言，對死亡的認知是最重要的假設，憂慮必須擔負這個「走在自己前面」（Sichvorwegsein）。因此他指出，這個「搶先奔向死亡」，這個認知到自己的大限之日的能力，正是人的「此有」獨一無二的地方。[6]卡內提（Elias Canetti）★曾自稱是死亡的死敵（Todfeind des Todes）[7]，他的劇

——譯註——

*優里庇德斯（Euripides, c. 480-c. 406 BC），古代希臘三大悲劇作家之一。作品逾九十部。

★卡內提（Elias Canetti, 1905-1994），保加利亞裔德語作家，其後入籍不列顛。一九八一年獲諾貝爾文學獎。

作《確定死期的人們》（*Die Befristeten*）裡淋漓盡致地呈現「是否知道自己的大限之日」對生活的影響。

然而正因為人對於自己未來的死亡感到不確定，在他心裡也會產生反彈：他會選擇逃避，沉溺在種種事物、產品、意圖、觀念，以及施設造作的世界裡。那些東西或許不會很長久，卻至少可以令人分心。人作為存在著的生物，憂心掛念地遠眺未來，如果能夠沉醉在眼前的事物*，而不必擔負這個沉重的存在，倒也可以鬆一口氣。為了不必擔負存在的沉重，而和眼前的事物眉來眼去，這個態度相當耐人尋味。因為唯有如此才能說明為什麼人們喜歡把自己看作眼前的東西，看作眾多事物之一，看作一個統計數字。這也說明了為什麼把人理解為神經系統、分子聚集體或是社會轉接器（都是器世間的術語）的科學如此受人敬重，在真理的問題上幾乎佔有壟斷地位。相對之下，我們可以斷言：所謂存在，意味著它不是個對象，而是個生活在時間裡的存有者。

憂心地對時間投降的「此有」，一直在逃避時間。然而他也一再被拋回到自己身上，回到他的時間性（Zeitlichkeit），而這意味著：回到他的憂慮。感覺到自己是有時間性的，這意味著他擁有種種可能性，而且看到它們就在眼前。人們想要一直佔有這些可能性。現在人們稱之為選擇權。人選擇了其中一個選項，就失去了其他的。然而人終究得下定決心做個選擇。那就像是個狹徑。當人將其中一個可能性穿過決定的針孔而進入現實世界，他就失去了一整個豐富的可能性。人憂心而掛念地做決定，未雨綢繆（Vorsorge），審思所有可能性，卻又對於因為他的決定而必須放棄的那些可能性念念不忘。然而如果說人既想要擁有現實，又不滿足於其中一個選項，就會難免如此。

「我原本不是這個模樣的，但是我很少做過原來的我，」霍瓦特（Ödön Horváth）★讓他的戲劇裡的一個舞台角色如是說。[8] 那是在嘲諷「耽

——譯註——

* 「眼前的東西」（vorhanden），也是海德格的哲學用語，或譯為「現成的」、「在手的」、「手前的」，是為了和「應手的」（及手的）（zuhanden）呼應。

★ 霍瓦特（Ödön Horváth Edmund, 1901-1938），匈牙利劇作家，以德語寫作。

於空想的人」（Möglichkeitsmensch）*，這種人一直幻想著自己準備要振翅高飛，只是苦無機會一展身手。霍瓦特所嘲笑的這種託辭，海德格卻覺得是可忍孰不可忍，以致於笑不出來（反正他是幾乎不笑的）。對他而言，這種心態就是所謂「不屬己」（Uneigentlichkeit）★的典型案例。反之，所謂的「屬己」（Eigentlichkeit）則是意味著不逃遁到自己的可能性，而決定冒險實現自我，意思是：想做什麼就去做，可是要做就把它做到底。

在這個意義下的屬己是一種存在主義式的道德，如果把生活理解成一種憂慮和掛念的生活，那會是個可能的（雖然不是必然的）推論，因為我們不必拘泥於海德格不知所云的「決意的屬己」，也可以小心而有保留地推論出「憂慮」。無論如何，人能操危慮深，斯有德慧術知，也才能成就一番事業。從現在起，他總是有什麼東西要掛念。他周遭的整個世界，包括他自己，都成了他掛念的對象。只要人還活著，他就會憂慮什麼，直到那一天到來，他也會憂患以終。可是直到那以前，總會有料想不到的事物到來，因此他的憂慮也永遠不會止息。

然而人有可能不再憂慮嗎？那是人們一直以來的夢想。例如說，盧梭（Jean-Jacques Rousseau）認為，如果廢除私有財產，那麼大部分的憂慮都會冰銷瓦解，因為一切的憂慮莫不和財產的積累以及保護有關。

前不久，民族語言學家艾弗列特（Daniel Everett）† 關於亞馬遜地區原住民的研究報告使他名噪一時。在那個題名為「快樂的民族」的報告裡[9]，他描述這個遠離現代文明成就、保有自己的語言的民族的生活態度和思考模式。這個語言的特徵是它的文法裡沒有時態的區分，全部都是現在式。例如說，不久的將來因為毗連現在，所以還可以形容，可是牽涉到

——譯註——

* 「耽於空想的人」（Möglichkeitsmensch），穆西爾（Robert Musil）在《沒有個性的人》（*Der Mann ohne Eigenschaft*）區分「現實的人」（Wirklichkeitsmensch）和「耽於空想的人」。

★ 不屬己（Uneigentlichkeit），相對於「屬己」（Eigentlichkeit），也是海德格的哲學用語。或譯為「非本真性」和「本真性」。

† 艾弗列特（Daniel Leonard Everett, 1951-），美國語言學家，以研究亞馬遜地區皮拉哈族（Piraha）及其語言著稱。

再遠一級的，也就是未來二式，那就沒辦法了。艾弗列特稱之為「現在式主義」（Präsentismus），它使得生活簡樸的皮拉哈族（Piraha）的人們顯然不知道對未來的憂慮是什麼東西。我們看到的到底是現代版的盧梭主義，或者只是一個「語言決定生活」的極端語言邏輯？無論如何，兩者都預設了對於時間的經驗和憂慮在文化起源上的意義。

我們可以根據憂慮的意義、類型和作用的觀點去區分文明的各個時期。憂慮的視域延伸到多遠？人們做多壞的打算，那會是哪些苦難，他們又如何未雨綢繆？

在不久前的若干時期裡，大概在十八世紀之前，人們遇到的苦難大抵上有兩個來源。不是自然的（災害、船難、疾病），就是人為的（偷盜、戰爭、劫掠、剝削、刑求）。人們必定會憂慮這些東西，並且防範於未然。對於種種惡行而言，最好的防範就是以強大的武力或是嚴刑重罰嚇阻。至於自然的災難（洪水、乾旱、暴風雨），人們可以做的事相當有限。人們築防波堤阻擋洪水，興建灌溉系統以對抗乾旱，也知道要積穀防饑，而到頭來往往只能禱告而已。對神的信任可以寬解憂慮。「不要憂心，凡事要相信！」當人們對於世間的難題束手無策的時候，這是他們的座右銘。可是人們又開始擔心起靈魂救贖的問題了。

現代社會創造了一個憂慮的理由：風險。貝克（Ulrich Beck）*在他的《風險社會》（*Risikogesellschaft*）裡鉅細靡遺地分析了這個過程。[10]風險不只是個來自大自然或是人類惡行的危害。風險也不再涉及神意或盲目的意外，更無關乎個人或團體的惡意行為。它其實是源自有科技之助的種種活動規律且複雜的共同作用。可是由於對這麼複雜的東西以及它的種種副作用，所有的醫師或藥劑師都只能望而興嘆，整個社會也就會瀰漫著掛念而憂心的看法。人會把那些和自己切身相關的事物推到遠處，把它整個

譯註

*貝克（Ulrich Beck, 1944-2015），德國著名社會學家，在世時是全世界論文引用度最高的社會科學家，他的研究著眼於現代的不確定性問題，稱之為風險社會（risk society）、第二現代性（second modernity）或者反身的現代化（reflexive modernization）。

扔到海德格所謂的「既有框架」（Vorhabe）*裡，如此才能看到自己其實處在一個風險相當高的事件裡。

風險是行動不可預見的種種副作用。行動者以風險為代價，指望它不會那麼湊巧臨到他頭上。對於一個人而言是風險的東西，對於另一個人可能是個危險。例如說超車：某個人冒險超車，致使無辜的對方陷入危險，冒險的是超車者，卻把別人扯進來承擔後果。他不得不一起承擔他原本不必負責的風險。兩者都沒有先見之明，其中一個人有責任，另一個人則是無辜的。風險社會通常就是依據這個模式在運作的。

於是人們主張說，道路駕駛人一般都是要承擔風險的。他必須考慮到隨時都會有個馬路三寶迎面撞上來。道路交通原本就是危險的事，每個用路人都躲不掉。其實，這個論證正是風險社會的合理化基礎。既然我們大多數的人都受惠於高產能的、富庶的、可是有風險的（破壞環境、資源短缺）的工業文明，也就難免要基於其基本原理去承擔風險：有福同享，有難同當。★在風險社會裡，整個社會扮演一個行為者的角色，雖然個人的責任程度各自不同。當風險到了一個相當的級距（例如汽車的嚴重故障或是天災），在面對該風險時自然是同舟一命，就算是無辜者也無法倖免。以車諾比（Tschernobyl）為例，受難者甚至包括還沒出生的孩子。

就像賀德林（Hölderlin）† 所說的，哪裡有危險，那裡就會有拯救者出現。然而，風險的升高最一開始並沒有喚起拯救者，反倒是催生了「風險再分配」的行業。對於這個分配的衝突，貝克的描述如下：從前的分配衝突是針對社會財（收入、職位、社會安全），也都找到調停的方法；現在這個衝突則另外涉及了關於「附帶產生的『惡果』」的分配衝突，

——譯註——

* 蓋「既有框架」（Vorhabe），指在理解任何東西時既有的歷史文化背景。或譯為「前有」、「先具所有」、「先設所有」，都是考量到海德格以「Vor-」（在……之前）為字首的哲學術語，例如「Vorhabe」、「Vorsicht」、「Vorgriff」。

★ 原文為諺語「Mitgefangen, mitgehangen」，有兩個意思：「有福同享，有難同當」或「一不做二不休」。

† 賀德林（Johann Christian Friedrich Hölderlin, 1770-1843），德國詩人，德國浪漫主義的代表人物，對黑格爾以及謝林的哲學影響甚鉅。

而以下的問題更是眾人爭執不下：「商品生產所招致的風險的種種後果（大規模的核子和化學科技、基因研究、環境危害、軍備競賽、以及西方工業社會以外的世界各地每況愈下的貧窮化），該怎麼分配、防止、控管和合理化？」11

風險社會把遠古的憂慮現代化了。它變成了有系統的預防措施，成了搜尋新的風險的獵犬。以前的人會把未來的事件當作命運或是意外，現在的人則是憂心忡忡地遠眺未來，它會迫使人們必須面對自己的作為（或不作為）種種可預見或不可預見的後果。基於防範風險的觀點，未來成了現在的延伸，而如果說從前的行為的影響一直持續著，它也會把過去放進來一起考量。一個人可能必須在未來面對過去的過犯的種種後果。在風險社會裡，沒有什麼是真正塵封在過去裡的，每件事都可能有捲土重來的風險。

科技社會裡的行為的無孔不入，也助長了它在未來才會浮現的反作用力。人對未來的干涉程度也不斷增加。儘管如此，未來仍然擁有其開放性，因為風險事故可能會到來，也可能不會。沒有哪個「一切險保險」可以消弭憂慮；人甚至可能因為保險需求的增加而反過來更加憂心不安。因為如此一來，這些需求會落入一個螺旋式成長。人們一有了安全，就會不斷要求更多的安全，因為他習慣了安全，對於任何威脅就會變得過度敏感。對於這個全面防護的系統而言，那意味著：哪裡有拯救者，那裡就會有危險。重點是在舒適圈裡憂慮的升高。人們的憂慮高漲，而社會落差也讓人越來越不安，因為人已經習慣被寵壞了。

曾幾何時，恐怖主義也成了全球風險以及時下憂慮的文化。那是人的惡行對人們造成的危害。恐怖行動不像戰爭行為一般可以預測。敵人是看不見的。他會突然現身襲擊。恐怖分子不只是搞暗殺或破壞，他們更要散佈不安全感。他們的行動分別是在具體的和符號的層次上。首先是行動本身，接著則是散播駭人聽聞的消息。而媒體也不自覺地為虎作倀。恐怖分子製造恐慌，他們也知道媒體會大肆宣傳。就像封鎖傳染途徑的醫療措施，這些駭人聽聞的消息也應該加以禁止，可是那又牴觸了真相報導的義務、民眾愛看熱鬧的心態，以及媒體的商業利益。於是恐怖分子和媒體變成了一丘之貉，他們共同營造出一種危險無所不在的感覺。公共場所、機場、火車站，都成了風險升高的地方。雖然我們這個地方遭受恐怖攻擊的機率沒有比中樂透高到哪裡去，可是種種預防性的安全措施卻一再提醒我們那個持續的威脅。隨著種種限縮自由的行動空間的預防措施，人們的憂慮也不斷升高。在一般的情況下，人已經準備好要付出代價。

在歌德的《浮士德》第二部裡，「憂愁」自況說：「我能變換形象，使人魂消魄散。」[12]憂慮的化身以冷靜的計算去面對未來，也就是風險的出現機率。此外，風險增加的動力不只是因為生態的、經濟的、金融的，以及恐怖主義的風險增加，也在於風險的定義以及對於風險的認知的改變。風險原本是指危險、損害、事故，它可能是非故意的、但必須承擔的行為後果。然而，「風險」這個概念的應用範圍卻有顯著的擴張。它不再只是指涉某個危險的、容易招致事故的行動而已。光是選擇某個職業訓練，就必須承擔一個風險，也就是有可能找不到工作。那麼當事人就必須繼續進修或接受求職訓練。如果他還是找不到工作，那麼他就不得不把自己列入風險事故之一。*

在醫療方面，人也會變成風險事故。保險業、醫師公會和政治單位都在宣導預防檢查。而檢查結果也總是會發現新的高風險族群，高風險孕婦、高風險兒童、各種疾病素因★。隨著所謂風險知識的增加，各單位也更加高聲疾呼早期發現早期治療。人們也變成甚囂塵上的避險商品的死忠客戶。如果人們不立即採取行動，那麼他自己就會變成風險事故，健康也就變成一種幻想，他以為自己很健康，只是因為他還沒有接受澈底的檢查而已。

生殖醫學和遺傳學也在風險範圍的延伸上推波助瀾。在美國，保險業

——譯註——

＊風險事故是指造成事故或損失的直接原因和條件，使得潛在的危險變成直接的損失。

★指易患病的體質。

者已經著手依據遺傳預測*去歸類他們的客戶，而一種以需求為導向的優生學也正在蓬勃發展。我們不久以後也會遇到。人們可以從基因銀行買到有專利的體質。所謂發育良好的人的標準將會有新的定義，隨著產前的診斷，健康的概念也會越來越接近納粹黨所謂的「不值得活的生命」（das lebensunwerte Leben）的分類。人們也可能會創造出一種新的階級社會，其中一種人是依據優生學塑造出來的，而另一種人則是自然生產的，因而比較低等。將來如果人想要知道他的出身，就得研究當時選購他的各種體質的目錄。而以後也會有一種官司，孩子會控告父母，主張損害賠償，因為他們為他購買的樣式太便宜了，甚或會有對自己的生活不滿意的孩子會控告他的父母，因為他們當時沒有選擇墮胎。於是，人們可能變成自己或別人的風險事故。無論如何，一種新的預防措施會闖進「人造人」的領域。

經手辦理種種預防措施的行業會是保險公司。他們會從某個損害的出現機率以及由損害程度換算出的金額計算出風險。可是覺得自己是不良品的人，保險公司要怎麼換算他出的損害金額呢？在核能工業裡，也可能發生嚴重故障的損害，雖然機率極低，可是一旦發生，它的損害金額卻是任何保險公司都無力理賠的。而化學工業以及生物科技也都差不多要達到這個再也沒辦法保險的規模了。

風險估測開啟了對於「未來」的一種新的理解，也對「現在」有個新的看法。由那些在風險事故中產生的可能支出，我們可以估算出當時的「現在」有麼昂貴。自從歐洲為金融經濟設立救援基金以來，我們知道維持這個龐大的價值破壞機器要花多少錢：金額高達數百億歐元。人們原本可以決定還要撐多久，另起爐灶是否會比較好。在這個背景下，我們會赫然發現，這個風險觀點裡可能有什麼超越系統的力量。由於我們以風險概念對於未來的事物加以評估、計算、投保、重新分配、轉嫁或避免，因此它和一個「未來」有關，然而它卻是當下行為的產物，因此後者必須為它

——譯註——

*指遺傳病患者親屬在同一種遺傳病的發生機率。

負責，而人們也勢必要面對一個問題，也就是人到底是否承擔這樣的未來，是否能夠為它負責。

如果說風險太過昂貴，人們因而也無法負責，有鑑於生活無法投保，古老的憂慮於是又回到時間裡。那是命運的一個反諷，在通往可預見性的路上，卻看到不可預見的事物重振旗鼓。在風險管理中被疏散了的憂慮重新登場，正如「憂愁」最後還是找上了滿腹經綸、鞭笞天下的浮士德。* 「我能變換形象，使人魂消魄散。」

「憂愁」是防不勝防的，她鑽進「鎖孔」，她有如幽魂一般看不見摸不著，降下可能的災難。

在眼前的空氣中充滿妖氣，
無人能知道，要怎麼才能迴避。
雖然那白晝有時明朗地向我微笑，

而黑夜卻把我籠罩在夢網中……[13]

浮士德和「憂愁」的事件以悲喜劇收場。憂愁對這個日耳曼大師吹了一口氣，使得浮士德失明。他以為他聽到工人的聲音，他們正聽從浮士德的吩咐，勤奮地興建防波堤，排除汙水，開墾土地。然而他們其實都只是死靈，它們正在挖掘浮士德的墳墓。再不多久，他就沒什麼好憂慮的了。

——譯註——

*由於浮士德是個卓爾不群的人，罪愆、匱乏和患難都無法及於其身。「（三人：）門戶緊閉，我們不能進，裡面住著富人，我們不願走進。……（憂愁：）姊妹們，妳們不能，也不宜走進。憂愁卻能輕輕地從鎖孔裡鑽進。」

第四章——社會化的時間

時鐘在測量什麼東西？用規律的運動過程去測量不規律的運動。時鐘作為社會體制。金錢的時距。時間紀律。莫名其妙的準時。魯賓遜的日曆。同步性。即時通訊。普魯斯特的電話和來自冥府的聲音。延伸了的同步性的難題。「現在」的增值以及儲存的「過去」。

無聊的時間，開始的時間，憂慮的時間——可是那忽而使人癱瘓停頓、忽而使人興致沖沖、接著又使人感到心情沉重的時間本身，它到底是什麼東西？

有人或許會不假思索地說：時間就是時鐘測量到的東西。那麼時鐘到底測量到什麼？時鐘回答的問題，是在事件在某一種刻度上的位置，是關於「何時」、時間點的問題；或者說是一個事件相續不絕的過程長度，是關於「多久」、時間長度的問題。以前的人是依據大自然不斷重複或者有個相同模式的消息盈虛，例如日月星辰的運行，或者脈搏跳動。這些有節奏的過程可以當作分割時間的度量單位，也可以視為一種計時器。此外人也會利用一定數量的沙子穿過狹窄的瓶頸，以作為一種量器：沙漏。後來，大約在西元十四世紀，人們開始製造機械鐘，起初是利用重力和鐘擺的齒輪鐘，到了十七世紀，則出現更精確的擺鐘。可是問題還是存在：那都是涉及規律的事件過程，人們據以測量另一個沒有那麼規律的事件過程的時間長度。

測量技術的日益精細，使得人們在一般的認知中很容易把時間和測量時間的工具混為一談；時間是有如規律地大步向前走的秒針一般的東西。光是這個說法就是個誤解。時間不會大步邁進，它其實是在飛，不過這個隱喻也無濟於事。時間是個間隔，人可以標示其前際後際，計算這個間隔的長度。而如果要在一個時間範圍裡有個東西可以計算，那就必須有若干事件，就算是時鐘的擺動或者任何振動也行。亞里斯多德（Aristoteles）早就知道：一定有什麼事件發生，如此我們談論時間才有意義。世上不會有個空洞的、沒有絲毫事件的時間，也不會有個什麼事都沒有發生過的時間。亞里斯多德說：「當我們感覺到先與後時，我們就說有時間，因為時間乃是就先後而言的運動的數目。」[1]

亞里斯多德把時間和數目擺在一起。對他而言，時間可以表述為一個由或前或後的點構成的可以計數的序列。根據亞里斯多德的定義，如果說時間是事件在其中發生的介質，那麼這也意味著時間不能和使事件發生的動力混為一談。我們從語言的用法就可以明白這個錯誤。時間被當作文法上的主詞，它可以加上使役動詞，對某個事物起作用。文法授予時間一個創造的力量，有點像是作為第一因和原動者的神的概念，因為時間不知不覺地被理解為促使事件發生的東西。以前還有「時間的豐饒之角」的說法。於是，事件在其中發生的時間，和一種具備了創造力量的時間的想法融合在一起。柏格森的時間哲學一開頭就提到這個問題。*人試圖去理解時間，卻只把握到在其中發生的事件，而因為時間作為介質難以捉摸，於是人們把它變成一個演員，沒有辦法直接看到它，而只能從它的種種作用去把握它。

時間本身是不可捉摸的東西，但時鐘是可以度量的。自有時鐘以來，它就對人的共同生活影響甚鉅。它是人類據以相互協調和規劃安排的社會事實。他們會協定出社會活動的時間基準點，最早是以當地為範圍。雖說時鐘的時間深入我們的生活，卻和「時間」的感覺現象完全不相關，儘管許多物理學家還不明白這點。現在我們有個統一的世界時間，當我們使用相同的時間單位，就可以做到相互同步。不同於貨幣，世界各地的時區和換日線可以

換算成一個通用時間，並且透過對於秒的標準定義加以校準。★

時鐘的時間有其特別的歷史。人們對它研究得很仔細，我們只要約略提一下使時鐘時間發揮其社會化作用的若干面向即可。在近代，時鐘開始主宰一切，但是早在古代，人們就開始抱怨說，日晷或滴漏顯示的時間單位，雖然是不得不然的發明，卻也限制了他們習慣的生活節奏。官方訂出一個標準時間，但是各個地方的標準時間還沒辦法做比較，「哲學家之間的歧異還沒有時鐘來得多，」西尼加（Seneca）如是說[2]，直到時鐘時間在各地都同步化，它才建立其社會宰制。隨著運輸系統的發展，尤其是十

——譯註——

* 見：Henri Bergson, *Essai sur les données immédiates de la conscience*, 1889。柏格森認為，當人在測量一個片刻時，那個片刻早就過去了，人可以測量一個不動的、完整的直線，但是時間是遷流不息的、沒有盡頭的。對於個人而言，時間可能或快或慢，但是對科學而言，時間一直都是相同的。我們在思考時間時，總是把時間空間化，使得時間具有如空間一般的度量，甚至可以分割。但是意識的時間其實是一種「綿延」（la durée），意識只能由直觀去把握，而不能以機械化的空間模式的思考去把握。

★ 一九六七年召開第十三屆國際度量衡大會，對秒定義為：銫 133 原子基態的兩個超精細能階間躍遷對應輻射的 9,192,631,770 個週期的持續時間。

九世紀的鐵路，時鐘時間的協定有了重大的突破。以前的領土所屬國把國家空間均質化，現在它們把時間也均質化。十九世紀末，英格蘭引進格林威治標準時間，一個統一的時鐘時間，以倫敦天文台所在的市區命名。以前每個地方都有它自己的地方時間，我們可以想像當民眾突然聽說要採用倫敦的時間去校準，他們的反彈聲浪有多大。但是如果社會沒有協商一個共同的時鐘時間，那麼就不會有個標準的火車時刻表了。至此，時間就算真正的社會化了，起先是在各個地區，然後是全世界各地，都有個統一的度量單位，人們協議以零度子午線為時間軸，據以校正各地的地方時間。

一方面，人們透過統一的時鐘時間在社會上將時間均質化；另一方面，人也能夠替事件和活動各自指派一個時間點。換言之，人類史上頭一遭形成莫名其妙的「準時」現象。

運輸系統是時鐘藉以顛覆社會的時間經濟的槓桿，而機器則是另一根槓桿。在以前的手工業時代，人們可以自行分配工作，但是在工廠的工人卻必須配合蒸汽機的節奏。這迫使人們必須準時，而且不只是以鐘頭計，而是必須以每一分鐘計算。十九世紀的工廠工人在暴動時不僅破壞他們所操作的機器，更砸爛了掛在工廠設備上方的時鐘。他們把怒氣都發洩在那無所不在的計時儀器上面，後者同時也象徵著無孔不入的控制。時間對於勞動過程的宰制卻沒有因此被打破。正好相反。泰勒*的時間管理系統使得勞動過程更加完備。據說人的動作和機器的運轉過程因此得以配合得天衣無縫：生物時間不著痕跡地被轉換成機器時間。每個微不足道的預留時間、隱藏的空檔和延宕，都必須找出來合理地排除。機器過程和生命過程再也不會有任何磨擦，如此才能從工人那裡榨取最大產能。在大規模工業的時代，機器時間為整個社會以及個人規定了時距（Zeittakt）。這個機械化變成了一種意識型態，所有的自然過程都擋不住它：母親一年到頭都必須看著時鐘定時哺育新生兒，人們或許偶爾會擺脫這種迷思，另一方面，社會上卻流行著任何身體功能都要加以（自我）定時。

——譯註——

* 泰勒（Frederick Winslow Taylor, 1856-1915），美國管理學家，世稱「科學管理之父」。

時鐘不僅顯示事實，它也有規範作用，被當作行為準則。起初是教會塔樓上美侖美奐的大鐘引人注目，對民眾宣佈警訊。現在我們在火車站、工廠都看得到它，直到它被戴在每個人的手腕上。於是，所有人都知道（尤其是：所有人都必須知道）現在幾點鐘。所以時鐘就負責把時間深植於意識和無意識的生命裡，作為時間感以及時間紀律。伊里亞斯（Norbert Elias）*認為這種時間紀律的內化正好說明文明化歷程如何把外來的壓力轉化成自我的壓力。[3]用以規範交通和勞動的時鐘的公共時間，被內化成時間良知。

時鐘是時間社會化的其中一個機制，另一個機制則是金錢。金錢是直接消費的延期工具。在以貨幣易物當中，當下消費的狹窄圈子會被打破，開啟了一整個選擇的視域：可以在或遠或近的未來當中以貨幣交換的貨物和勞務。這種貨幣只會在社會互動中產生，它所開啟的未來也是只存在於社會的定義，它所關涉的未來只有在貨幣仍然流通的地方才存在。如果我們思考一下這個貨幣基礎有多麼脆弱，應該會渾身起雞皮疙瘩吧。貨幣不是自然而然有效的，而是必須被接受的。如果它突然失效了，那一切都會如骨牌一般崩塌。雖然有人說「上帝已死」，但世界至今安然無恙，但是如果說「貨幣已死」，文明是否能夠倖存就很難說了：許多跡象顯示，就這兩個社會生活的基本假定而言，沒有了貨幣的後果會比沒有神更加不堪設想。

貨幣是社會的虛構物，它沒有自身的物質價值，而只是代表一種可以由實物換取的價值。如果說以前的硬幣還會使人想起實際上等價的金幣，那麼作為白紙黑字的承諾的紙幣幾乎算不上是什麼證書，更不用說現代的「記帳貨幣」，它只漂浮在語意的空間裡：貨幣只有在被承認的時候才能持存。人可以透過貨幣承諾未來的事物，不過只在其有效範圍內，也就是在其對應的社會遊戲場域裡。然而我們都知道遊戲總是有破局的時候，一

——譯註——

* 伊里亞斯（Norbert Elias, 1897-1990），德國猶太裔社會學家，後來入籍不列顛，以其文明化理論著稱於世。

次嚴重的通貨膨脹就會突然使貨幣貶值，中斷以錢易物的行為，一切經濟活動都會停頓。這個時候，貨幣對未來的承諾就會破滅，它會變成一塊金屬片、一張紙，或者只是個數字，什麼意義也沒有。可是只要遊戲持續進行，只要這些虛構物仍然被承認，也就是說，只要貨幣仍然有其意義，它就仍然代表著管理未來的工具。只要貨幣一直有效，那麼它就是過去的一面鏡子，因為在它的價值表現裡隱藏著人們憑著它可以獲得的一定數量的勞動或者交換的貨品。貨幣開啟的時間視域是雙向的，也就是過去和未來。透過當下的貨幣，人們以一個未來抵償一個過去。於是，貨幣交易也是一種和時間的交易。因此，貨幣和時鐘一樣，都是在模擬一種由社會規定的時距。

在社會活動裡的時間經驗的這個特性，讓人不禁想問，內在的時間經驗究竟是不是意識的先天（apriorisch）基本配備（正如康德及其整個哲學傳統所猜想的），或者只是社會的時間紀律化的結果，一如伊里亞斯所假定的。社會化的人所經驗到的時間一開始就是個社會性的東西，即使他像魯賓遜一樣離群索居一陣子。

狄福（Daniel Defoe）小說裡的這個遇船難者漂流到南海的一座孤島上。他認真仔細地記下那天的日期，一六五九年九月三十日。他第一個作法就是自製一個日曆，為的只是要準時守主日，此外也替生活找到一個內在秩序，以呼應他的家鄉英格蘭社會的時序。那是一種時間紀律，為了不變成野人，也為了和出身的世界、和社會，以及他們的神保持穩定的關係。當魯賓遜專注於他自製的時間測量器具時，他也和公共的、社會的時間建立聯繫，而不至於和文明世界完全脫節，也讓他覺得差堪告慰。他並不想探索時間之謎。孤獨的魯賓遜時間多的是，卻顯然一點也不想花時間去苦思時間之謎，這點倒有點令人不解。他滿腦子都是英格蘭的人情事理。我們很難想像，如果漂流到島上的是一個像齊克果那樣的人，那會是什麼光景。關於時間的深淵，還有什麼會是我們不知道的？魯賓遜記錄每一天、每個鐘頭，他知道有別的地方也正在這一天裡，在這個鐘頭裡。這個想像的同步性使他心裡舒坦許多，可是他沒辦法那麼理所當然地體驗到這點。

關山相隔的人要能夠共同感受到這種同步性，在十九世紀末以前是很難想像的事。直到有了電報、電話的技術，乃至於電視的發明，人類史上才第一次真正感受到什麼叫作遠距同步。

同步化的闖入來勢洶洶，我們從以前電話時代的一則著名描述裡就可見一斑。在一八九〇年代，巴黎大約只有三千隻電話，一八九六年十月二十二日，在楓丹白露大飯店的普魯斯特（Marcel Proust）破天荒第一次打電話給他媽媽——一個讓他難以忘懷的經驗，他在《追憶似水年華》（*Auf der Suche nach der verlorenen Zeit*）裡多次提到，那是和瑪德蓮蛋糕一樣重要的場景。在〈蓋爾芒特家那邊〉（Welt der Guermantes）裡，說故事的普魯斯特則是和住在丹席爾（Dancières）的奶奶講電話。當遠方親人的聲音從話筒裡突然響起，壓過電話裡的背景雜音，他說那是個「令人驚豔的、如童話般的過程」。遠方心愛之人的聲音就在耳畔，甚至比他們相對而坐的時候更加貼近。作者猜想那是因為那聲音沒有被面對面的印象覆蓋，聲音脫離了那個空間。它跳出了日常生活的盒子。那是個來自無所有之鄉的聲音，來自冥界的聲音。這個如幽靈般的鄰近使得作者感到悲傷，這個同步性讓他心生恐懼。對他而言，每一通電話都像是在童話裡，或是在史前的神話世界裡。電話接線小姐從電話那頭對他說「電信局你好」，聽在他耳裡，彷彿是「隱形的達瑙斯諸女（Danaos）*，不停地從聲音的骨灰甕裡傾瀉、注入、相互傳遞。」普魯斯特之所以是個大師，是因為他能夠在角色所處的時空氛圍裡感受且描寫他們，然而那些打電話的場景卻迫使他赤裸裸地、褪去所有故事地、從所有氛圍抽離出來地感受他心愛的人。「就像我一直很害怕有一天我會對著再也無法回答我的人們說話。」[4]

普魯斯特流連在那個重大的轉折點上，以感受整個過程的震撼，透過

——譯註——

* 達瑙斯諸女，希臘神話裡達瑙斯（Danaos）的五十個女兒，她們被迫和艾基普特斯（Aigyptos）的五十個兒子結婚，於是她們的父親要她們在洞房之夜毒死丈夫們。其中只有希培梅斯特拉（Hypermêstra）沒有照著做。後來那四十九個女兒被罰在地底深淵（Tártaros）用濾網把水汲到無底的桶子裡。

空間距離被保護的「屬己時間」表面突然爆裂，胡越之身驀地臨到眼前。可是讓他驚訝的是，他一下子就習慣了這個虛擬的臨在，因為當這個「令人驚豔的、如童話般的過程不夠迅速」，必須等候接線生接通電話，作者就感到不耐煩了。

我們也都早就習慣了這個即時通訊。我們必須一再提醒自己，這種可能性是不久以前才出現的。以前在每個空間點上的人都被禁錮在各自的「屬己時間」裡。當人得知一個遠方的事件時，它早就過去了。所謂的「同步」只存在於人可以直接感受且一目瞭然的領域裡，也就是人真正身處在那個地方。超過了這個界限，就只會有不同程度的延遲。一座「現在」的蕞爾小島，周圍盡是一望無際的「過去」的海洋。當席勒聽到法國國王被判處死刑時，他一如往常的風格，想要跑到巴黎去對法國人民慷慨陳詞，喚醒他們的良知。正當他準備出發時，卻發現為時已晚。國王已經被斬首處決了。當時的人們一直跟不上時間的腳步，而總是晚了一步。那倒也有個好處。空間的遠離固然延遲了通訊，卻也是一種隔離通訊的防護。以前環繞著個人生活中心建構的、呈輻射狀而多層次的認知視域系統，倒還可以完好無缺。現在它早就瓦解了。遠方的東西讓人誤以為近在眼前，不斷糾纏著我們，而我們原本遙不可及而免於接觸的同步事物，也闖入了我們的「屬己時間」。

以前這些延誤通知的事件讓人有足夠的時間去想像和詮釋。在它到來之前，就已經有各種改編的劇本了。於是遠方的事件永遠不會失去它的迢遞千里的特徵，正因為它漫長的傳遞路徑使得人們對它穿鑿附會，並且具有傳說的特色和象徵。尤其是自遠方傳遞它的語言。語言是聯繫兩個遙遠的點的媒介。然而語言的表現也保留了被表現者的遙遠距離，因而在遠方事件的傳遞時保留了班雅明（Walter Benjamin）*所謂的「靈光」（Aura），也就是「一個看似遙遠的東西獨一無二的顯現，不管它再怎麼近在咫

——譯註——

* 班雅明（Walter Benjamin, 1892-1940），德國猶太裔哲學家、文化批評家。他的思想融合了德國觀念論、浪漫主義、西方馬克思主義和猶太教神祕主義。對當代美學理論、文學批評和歷史唯物論影響甚鉅。

尺。」。[5]

透過即時通訊創造一個同步性，也是現代世界的一個基調。當近處和遠方在人為延伸的認知視域裡混合在一起，傳統上習慣了的時空座標上的方位就被打亂了，而歌德在兩百年前就預見了這個歷程的難題。他在《威廉師傅的學徒生涯》（*Wilhelm Meisters Lehrjahre*）裡說：「人生來就能力有限；他有辦法看到簡單的、眼前的、確定的目標，也習慣利用唾手可得的工具；可是一旦他到遠方，他既不知道他想做什麼，也不知道他該做什麼，不是被層出不窮的事物搞得心不在焉，就是迷失在它們的五光十色裡。當他想要追求僅憑一己之力無法企及的東西時，總是一場災難。」[6]

歌德一如往常地指出了某個問題。我們的感官有個範圍，一個人所能負責的行為也有個限度，我們都有個感官範圍和行為範圍。簡單說，刺激必須宣洩到某個地方。最初是以行為反應的模式：行為是因為對一個刺激所發出的回應。因此，感官範圍也是我們接收刺激的範圍，而宣洩的行為的範圍原本也是相互配合的。這也是一個人類學的基本關係，那時候的人還沒有透過種種增強知覺的工具的發展，持續不斷地延伸感官範圍。電信媒介無異於人的義肢，它延伸了知覺的範圍。它使得刺激和資訊的量遠遠超過可能的行為範圍。以人為的方式擴大的感官範圍完全和行為範圍脫鉤，其結果是，對於擴大的感官範圍裡的刺激，人們再也沒辦法以適當的行為去反應或宣洩。一方面，個人的行為可能性越來越小，另一方面，紛至沓來的資訊和影像流的冷酷邏輯也提高了刺激的供應量。這是必然如此的，因為刺激的供應者必須競逐大眾「注意力」的有限資源。可是人們對於種種感覺習以為常以後，就會渴望更高劑量的刺激。因此重點不是行為的宣洩，而是刺激的供應。

人們自然會問，如果沒有適當的行為宣洩，那麼該怎麼處理那些刺激。人們會被燙傷，感覺會變遲鈍。可是持續的刺激會留下痕跡，它們會沉積在我們內心的某個地方，變成一個和任何對象結合就隨時可能引爆的問題點。就像歌德所說的，人會變得「心不在焉」：人陷入一個隨時都要引爆的狀態，貪婪地消耗感覺的彈藥庫，形成潛伏的歇斯底里和恐慌症。於是，全球化的現實世界令人討厭的「現在」變成了刺激的劇場。其實它不是劇場，而是血淋淋的重大事件，可是由於距離（Entfernung）「不再是遠方的」（Ent-Fernung）東西，也就是讓人產生近在咫尺的錯覺，那就幾乎無異於在劇場裡觀賞那些事件。因為那麼重大事件接踵而至，沒有一個人受得了。於是也產生了一種政治上的道德主義，在「電視」（遠望）（Fern-Sehen）時代裡的一種「遠距倫理」（Fern-Ethik）。在同步性的媒體時代裡，人類的戰爭方式如何地演變，對此已經有許多文章討論過了。我在這裡只是要指出，地面作戰比例越來越少的戰爭方式，利用飛彈、炸彈和無人飛機，真實地呼應了在電視機前的沙發上的道德交戰，儘管人們沒有真的體驗到短兵相接的轟炸，卻可能會更投入地在道德上選邊站。因此，在電視機前面的戰爭也創造了新型的媒體鐵粉，他們對於天下大事無所不知，在道德上捨我其誰，其實卻是被蒙在鼓裡。世界各地有太多的「現場」根本無人知曉。於是漸漸形成一種技法，熟練地操弄距離的遠近、操弄個人和全體，二話不說就切換各種模式。人原本就喜歡自尋煩惱，這會兒也擔心起地球的未來了。關於地球的種種危言聳聽，從氣候災難到人口過剩，從全球恐怖主義攻擊到退休金缺口，不只是在小團體裡口耳相傳，對我們而言，更由於媒體的同步反饋而變成了共同感受到的「現場」（現在）。

於是「現在」也不斷升值了。「現在」不是一直都是最重要的東西嗎？不，並不是。在某個時期裡，例如從歐洲中世紀到近代初期，「過去」是最重要的，人們覺得每個「現在」都只是倏忽生滅的，幾乎無從知覺的。人們覺得自己只是由另一個時間構成的劇本裡的傀儡戲或皮影戲。人生活在一間混響室裡，在那裡頭，種種事件源頭和預言不斷地回響著。科賽列克曾經栩栩如生地描寫過阿爾多斐（Albrecht Altdorfer）*在一五二九年創作的關於西元前三三三年亞歷山大戰役的巨幅歷史畫。[7]畫作捕捉到殘忍

——譯註——

* 阿爾多斐（Albrecht Altdorfer, 1480-1538），文藝復興時期日耳曼畫家，以風景畫見長。

的交戰起伏的瞬間，細膩描繪數百個人物，根據古代的編年史打草稿，也就是以文字記錄且確定時序的作品。可是如果沒有看到畫作上的解說，人們根本認不出來那是在描繪使波斯帝國滅亡的著名古代戰役。畫裡的波斯人也可能是土耳其人（在創作的那個年代，土耳其人圍攻維也納卻鎩羽而歸），而畫裡的希臘將領們也都神似當時的貴族和騎士。但是並不是「現在」驕矜自大起來，而把「過去」藏到衣櫃裡。正好相反：那只是舊瓶裝新酒而已。太陽底下沒有新鮮事。當時（一五二九年）擊退土耳其人的侵襲，其實是將近一千九百年前的伊蘇斯（Issus）戰役的翻版。但是「現在」一點也沒有現在的感覺，「過去」一直把它的手伸進「現在」裡。「未來」也是如此。亞歷山大戰役固然預示著現在的維也納戰役，它卻也是了《聖經》〈啟示錄〉裡所預言的基督和敵基督的末日大戰的序幕。於是，每個「現在」自始至終都是完全被掌握的，面對著強勢的「過去」以及更強勢的「未來」，它幾乎伸展不開。

在近代以前，任何創新都會披上復古的外衣。甚至是求新求變的文藝復興，那時的人們卻以為自己是在窮源推本，回到古代文明。在更早的時代，創新是必須提出理由的，而率由舊章則是不言而喻的事。現在正好相反，必須自我辯解的是傳統而不是創新。通訊網路（橫座標）越是密集而廣袤，創新對於過去和未來（縱座標）就越重要。以前人們會模仿過去的事物，或者說典範在夙昔，而今則是以現在的事物為範型。儲存的媒介也對「過去」的廢黜推波助瀾。它們在電影、照片或語音文件上記錄了獨一無二的事件，因而在每個點上揚棄了時間流的不可逆。某個瞬間的事件可以被複製。這對直接感受到的現實也產生種種影響。以前的人沒辦法像我們這樣聆聽一個音樂活動，他們一定會覺得他們參與了一個獨一無二的、沒辦法重複的事件。以前當然也有各種儲存媒介，總譜、書、信件、繪畫，不過它們其實並不多見，因而讓人有種吉光片羽的感覺，有時候甚至很神聖，總之不是日常生活會遇到的東西。現代的科技卻能夠每天複製它們，使得這個獨一無二的事件的靈光消失了。在我們的生活裡，我們的手指頭理所當然地停在重播鍵上，隱隱然覺得逝者如斯的生活只要一個按鍵就可

第五章——時間管理

被囚禁在時間表裡。當時間短缺的時候，在救恩史、歷史、資本主義的意義下。債務和借貸。金融經濟的時間。加速度。各種不同的速度。飛馳的靜止狀態。火車。現在對時間的殘餘的攻擊。浪漫主義的批評：風馳電騁的時間之輪。

我們現在都生活在嚴格的時間管理之下。分秒不差的工作時間、休閒時間、學校和職訓的時間。在交通和生產製造上銜接準確的時間表。在任何場合都要注意期限（時限），尤其是考試和借貸。

在競爭經濟當中，重點是要贏得時間，讓新產品搶先上市，或者是創新更迅速。環環相扣的時間網路越來越密集，個人覺得被囚禁在時間表裡，不管那是自己決定或別人決定的時間表。於是人不得不一直思考著時間，如何善用它，在哪些地方可以省下一點時間，是否可以不要浪費某個人的時間。在這種時間壓力之下，時間變成一種客體，人們可以視之為對象，而加以分割、浪費、利用或管理。它尤其是個短缺的對象。

時間短缺。時間怎麼會短缺？時間本身不會短缺，它只有在涉及特定意圖時才會短缺。每個活動、每個事件，都得花一段時間。如果時間太少，例如說同時要從事其他活動或事件，那麼時間就會捉襟見肘。而最常見的情況是人沒有估算清楚一個計畫所需的時間。不管怎樣，短缺不是時間的屬性，而是在時間管理時才會出現的問題。時間短缺是人為的，它不是「數據」，而是名副其實的「事實」。時間短缺是它被捲入社會系統且在那裡面被加工的結果。只有對行動而言，時間才會短缺，而且也只有行動才會使得時間短缺。如果說來不及在暴風雨之前搶收農作物，那麼原因不會是出在暴風雨，而是人們偏偏要在這個時候收成。如果人們搶著利用某個時段，也會使得時間短缺，例如許多病患搶著在醫院開始看診時湧入。在行為系統裡浮現的時間短缺，其結果就是時間被物化為一種產品：彷彿時間是稀缺的商品，人們應該待價而沽，也不妨屯積居奇。

然而在這個取決於社會管理的「時間短缺」底下，或許隱藏著一個存在的問題，也就是人總是覺得一生的時間不夠用，因為他知道他有個死期。他往往沒有足夠的時間去實現他的意圖。在以前的神祕劇裡*總會有個經常被改編的喜劇場景，死神（Sensenmann）臨到「每個人」

——譯註——

* 神祕劇是古代用來表現宗教信仰內容的一個方式。在埃及有奧賽利斯（Orisis）的神祕劇。在十四世紀的戲劇和音樂劇也會出現基督教的動機，但是和教會的儀式是獨立的。下文提到的神祕劇是霍夫曼斯塔（Hugo von Hofmannsthal）的《每個人》（1911）。

（Jedermann）頭上，「每個人」焦急惶恐地對死神說他沒時間去死，因為他還有很多事要做。

這個視社會而定的「時間短缺」，使人們在日常生活裡察覺不到這個存在的問題，卻又間接地讓人意識到它。但是由於人們不願意想起這個最後的大限，寧可為了自己搞出來的各種期限疲於奔命。人們說：「我很想留一點時間給自己。」可是話還沒說完，他又去忙別的事了。為什麼？或許是因為那些事可以轉移他的注意力，否則他會想到自己的存在境遇，生命的期限問題也會更清晰地浮現。如果人不願意想起自己的死亡，那麼就得小心別留太多時間給自己。距離使人們不必面對自己的存在性（Existenzialität），而海德格則反過來把「搶先奔向死亡」說成「屬己性」的偉大成就。有一句格言說：「在平日的期限之前，人們大多看不到生命的期限。」[1]

以上談到的是現在的社會系統裡的時間短缺以及作為存在問題的時間短缺。但是我們回顧過去幾個世紀，還發現到另外兩種形式的時間短缺，現在看起來或許沒有那麼明顯，但是它一直在暗地裡影響著我們：在歷史時間以及救恩史的時間裡的時間短缺。

要著手探討救恩史的時間，我們得先談到基督教信仰裡基督復臨以及末日審判到來的時間。這個時間之所以不夠，那是因為我們不知道基督什麼時候要來。保羅說基督會出人意料地突然降臨，「好像夜間的賊一樣」[2]。原始基督教時期也有「末世將臨」的期望，人們以為基督的復臨和拯救是旦夕之間的事。那是個在候診室裡的歷史，大門隨時都會打開，人會被叫進診療室裡去。為了成為被揀選者之一，人們最好在心裡倒數計算他的時間。

這就是末世論的時間短缺，就算「末世將臨」的期望落空，使得西方基督教國家必須把救恩期待的期限往後調整，這個時間短缺基本上也不會有什麼改變。即使是在這種情況下，為了靈魂的救恩，人仍然必須善用他一生的時間。如此一來，時間總是不夠，因為人不知道他的生命什麼時候會走到盡頭。因此，早在工業時代有效時間管理之前，就已經有了在救恩方面的有效時間管理，嚴格禁止虛擲時間。基督新教把信仰世界內化，使得人對於時間更加敏感，人的時間良心也更加尖銳。長老會認為浪費時間是個重罪：如果要「確定自己能夠蒙恩」的話，任何一段時間都是「短暫而珍貴的」。[3]「觥籌交錯、飛短流長，就連對健康有益的睡眠，在道德上都是卑劣的。」[4]韋伯（Max Weber）認為，這個以救恩史為條件的對於浪費時間的厭惡，是近代資本主義的節儉倫理的屬靈前提。

現代對於浪費時間的厭惡，或許還有一點救恩史的殘餘觀念——模仿遠古的不安，只不過現在完全是俗世的。盧曼（Niklas Luhmann）也曾經指出這個奇特現象：儘管再也沒有世界末日或是末世審判的威脅，這種不安卻仍然存在。他推論說，認為時間充裕的這種觀念「必須被禁止，而且是道德所不容許的」[5]，因為那和現代社會的結構性要求不相容。即使問題不再是靈魂的拯救，人還是絲毫不能浪費原本已經捉襟見肘的時間。盧曼說，我們生活在一個有著「目標變數」的速度意識型態的時代裡。不管目標是什麼，重點是要迅速達成。

近代把古代的救恩史重新解釋為有個目標的歷史進程。從機械時代初期開始，人們就把歷史想像成某種機器，其流程嚴格遵守某種法則，只要搞清楚正確的操作方法，就可以生產「進步」這種東西。歷史似乎是可以支配的東西，這是前所未有的事。於是產生了「時間短缺」的另一種變型。人如何利用進步，如何盡可能地加速進步，要戰勝和排除哪些阻力，這些是有歷史意識的行為者必須思考的問題。時間很吃緊，人可能會錯過歷史，就像錯過火車一樣。即使人相信歷史有自己的邏輯，仍然會被要求作為創新的催生者。人必須反應迅速，掌握正確的時機。那也意味著適應歷史的機械節奏。法國大革命時期的羅伯斯比（Robespierre）以及俄國革命的列寧（Lenin），都曾經振臂高呼時間的迫近。在這個觀點下，他們發起的恐怖統治也是節省時間以及加速的一種方法。這是短程的革命時間經濟。羅伯斯比的工具是斷頭台，而列寧則是利用行刑隊。據說戈巴契夫（Michail Gorbatschow）曾經一針見血地評論當時不斷高漲的社會意識說：「誰遲到了，生活就懲罰誰。」*

作為革命的工具的時間有其高低起伏，它有時會逐漸形成革命的關鍵時刻，也就是大膽發動攻擊的有利時機。在古希臘，這個有利的時機叫作「kairos」，並且以神像的雕塑表現它，神的頭上有一綹額髮，必須反應敏捷才能抓住它。革命往往是在刻不容緩的狀態下很殘忍地加速歷史的腳步。在這種境況下，人們不再相信墨守成規這種事，改變和創新才是理所當然的，對於發動改革的人而言，當然是越迅速越好。

隨著法國大革命，古老的歐洲也被捲入歷史的風靡雲蒸，它創造了新的政治型態。以前的政治是宮廷裡的事，現在則成了中產階級和農民的重要事務。人們指望革命會使人自由並且改善社會，而且是迅雷不及掩耳的，最好是可以活著看到它開花結果。以前的人遇到意義的問題會尋找宗教的答案，現在則是找上政治。所謂的「終極問題」，現在變成日常政治的任務：自由、平等、博愛是政治口號，而幾乎不承認它源自於宗教。現在應許人們某種救恩的是政治。直到法國大革命之前，大多數人覺得歷史只是個步調遲緩的事件，偶爾會被若干在劫難逃的動亂中斷，它們就像自然災害一樣闖進人間。隨著一七八九年的事件，把歷史掌握在自己手裡的這種幻想正風起雲湧。拿破崙說，命運不外乎政治。政治變成一個社會環境裡的加速馬達，在其中，經濟、社會和技術的發展也有如弩箭離弦，其範圍和節奏是前所未見的。

馬克思和恩格斯在《共產主義宣言》一個十分經典的段落裡形容這個中產世界風馳電騁的浪潮：「生產中經常不斷的變革，一切社會關係的接連不斷的震盪，恆久的不安定和變動，這就是資產階級時代不同於過去各個時代的地方。一切陳舊生繡的關係以及對應的受人尊敬的見解和觀點也都垮了……。一切階級的、故步自封的事物都消散了……自然力的征服，機器的採用，化學在工農業中的應用，輪船的行駛，鐵路的通行，電報的往返，大陸一洲一洲的墾殖，河川的通航，彷彿用法術從地底下呼喚出來的大量人口——試問在過去哪個世紀能夠料

——譯註——

＊據說戈巴契夫在一九八九年參加東德建國四十周年閱兵慶典，當天有大規模示威，一千多名示威者被捕，於是戈巴契夫對何內克說：「誰遲到了，生活就懲罰誰。」慶典後十一天，何內克就下台了。

想到竟有這麼大的生產力潛伏在社會勞動裡呢？」6*

這裡浮現的是個加速動力，不同於救恩史或者進步主義的歷史觀，它不是從某個確定的目標出發，而是在行為者背後有個推力，也就是如以下所述的生產流程：在工業時代裡，以前以滿足需求為導向的經濟，被以資本增值為驅力的經濟過程瓦解了，後者釋放巨大的加速動力，因為投入的資本必須在競爭中儘速獲利。唯有如此，人們才能在和競爭者的對抗當中勝出。關鍵就在取得時間優勢。資本主義經濟就奠基於如何善用時間優勢的各種考量，它的意義至關重大，使得馬克思的推論至今仍然站得住腳，他說，所有經濟到頭來都會變成時間經濟。受雇者把他們的勞動時間和技能賣給資本家，加上機器的運轉時間和效能，由此提高其生產力。於是，時間也進入經濟體系，變成一種可以計算和買賣的價值。時間變成商品，時間就是金錢。而且由於生產力的提高可以創造競爭優勢，也就是更便宜、更迅捷，並且以更創新的產品問市，因此在生產方法和產品的交易上有了捷足先登的經濟壓力。此外，這也使得產品壽命縮短。於是，隨手拋的經濟也是一種加速度的經濟。速度的加快造成一波波巨大且不斷增多的垃圾。生產不僅把對它而言是「過去」（也就是垃圾）的東西拋在身後，更推三阻四地不肯處理它們。我們的「過去」（垃圾）也是我們的「未來」。

在未來裡不僅堆滿了垃圾，還有償還貸款的期限。借貸是另一個加速的因素。借貸當然也是一種生意往來。它可以促進經濟活動和消費。信貸體系也可以說是和未來作生意。流通的貸款是以至今的任何一個時間點都可能發生的、可以用在其他目的的融資上的增值為基礎。所以說，它是以在過去裡的增值為基礎。這種價值一直都是投機的工具，也就是說：那是憑著未來可能的增值賺錢的。以西方哲學之父泰勒斯（Thales）為例，他藉由氣象觀察以及天文學的運算，猜測某一年橄欖油會豐收，於是借錢租了許多橄欖油磨坊。★投機結果揭曉：那一年果然豐收，磨坊供不應求，

——譯註——

＊中譯見《馬克思恩格斯全集》第四卷，人民出版社，1958。

★見：Diogenes Laërtius, *Lives and Opinions of Eminent Philosophers*。（中譯見：第歐根尼《名哲言行錄》，吉林人民，2003。）

於是泰勒斯把他的磨坊轉租出去，賺了一大筆錢，成了大富翁，更證明了他既是個哲學家，也善於操奇計贏。

近年來的投機事業方有了重大的改變。以前有達倫多夫（Ralf Dahrendorf）[*]所謂的「儲蓄資本主義」（Sparkapitalismus）。可是現在舞台轉到「借貸資本主義」（Pumpkapitalismus）。就增值而言，現在從「過去」轉向「未來」，大量的借貸湧進系統裡，它的基礎不在於既有的增值，而是預期的增值。人們現在就把「未來」消耗殆盡，或者是因為投機錯誤而喪失了「未來」。導致最近的金融危機的所謂金融商品的流通，其實不是真正的產品，而是以預期和承諾織成的蜘蛛網，這些幻影和幽靈不是來自「過去」，而是來自「未來」。人們消耗「未來」，正如政府舉債或是環境破壞，把有毒的垃圾和債務留給子孫。所有國民都抱著現在先消費，以後再償付的想法，催生了一個龐大的信貸市場，當事人可以用錢滾錢，而那些錢既不是他們的，也完全不存在。

這種生意的失敗其實只不過是貶值危機而已。人們發現它的價值不再像在系統裡流通的那麼高，而這個認知就像戳破汽球一樣：它一下子就洩了氣。我們可以說，在危機裡，「未來」反撲並且捅了個大洞，一再地使得金融經濟面臨消失的威脅。人們可能會以鄰為壑，把成本和風險在空間上外部化，例如把垃圾運到第三世界，可是人們也可能會把它清運到「未來」，而這是以駭人聽聞的規模正在發生的事。金融經濟的垃圾清理問題拖垮了整個社會。人們設立金融垃圾掩埋場，所謂的「壞帳銀行」（Bad Bank）★，以因應未來的若干難題（就像核廢料一樣）。

金融危機（人們認為那是時間管理造成的危機）顯示了我們生活在一個有著各種不同速度的社會裡。在金融經濟裡完成交易的時距極為短暫而迅速，人們必須當機立斷。金融市場的自動化交易接近光速。可以提早千分之一秒獲得關於失業人口統計、銀行利率或是同業的計畫和行動的伺

——譯註——

＊達倫多夫（Ralf Dahrendorf, 1929-2009），德國社會學家，以研究階級衝突著稱。

★由國家設立的金融機構，以協助銀行解決壞帳問題。

服器，在自動化的投機事業裡有其優勢。在這裡，負責任的、企業經營的態度再也無用武之地。攸關整個國家的金融命運的決策可能落入這種市場的「盲目飛行」*。相對的，借款人和儲戶則是一副慢條斯理的模樣。大戶在密不透風的全球網路裡操作，而小戶則是在地方的、一目瞭然的市場裡。前者的重點是投資收益，而後者是退休金、自有住宅，以及個人安全網。兩者的交集則是在於產業的意外事故。當事人一方依據慣例和誠信原則往來，他的伙伴卻在某一次指顧之間的交易裡被掃出市場。經濟學家很冷淡地說那是個同步的問題，卻沒有說到大戶怎麼坑殺了小戶。在底下的還搞不清楚上頭怎麼回事，更重要的是：事態的發展有多麼疾風迅雷。可是同步的問題不是小事，它會危及系統的運作：如果說在短程交通中把搭高鐵省下的時間都花光了，那倒還無傷大雅。可是在科技發展和訓練方面的同步問題就很嚴重了：知識和技能落伍的速度越來越快。生活的種種歷練也貶值了。人必須有彈性，隨時都要改變想法。傳統的履歷表幾乎不存在了；現在的履歷表會有若干工作經驗以及待業期間的欄位。

對於產業發展和市場趨勢，政治也往往瞠乎其後，因為它的速度不夠快。現在越來越為經濟活動和社會歷程打造一個穩定的空間，儘管人們試圖以氾濫成災的規定敷衍了事地管理其發展。

經濟活動和革命的節奏一樣遄疾，而政治的決策，尤其是在民主程序下，則是緩不濟急。於是人們在自由貿易的託辭下，獨立於政府之外的法規體系大規模地偷渡進來，以民主的曠日費時為由而意圖廢除它：推動改革的時間緊迫，而擱置影響重大的若干決策是需要勇氣的。

一般的加速會消耗更多的「未來」，它有個弔詭的作用，也就是它會把時間的視域變窄。它會使人專注於當下的問題，而看不到過去甚或後天的問題。生產和消費的加速，以及把風險推託給時間，原本必須透過減速、減緩腳步以及永續發展的態度，才能夠抵銷它。但是這在西方工業國家裡並沒有發生，因為在生育率下降的社會裡彌漫著終端消費者的心態。他們

——譯註——

＊指由儀器操縱的自動飛行模式，又叫「儀器飛行」。

不想敷衍塘塞任何事，因為他們眼裡只有現在，而不必考慮到他們的下一代。歌德在《浮士德》裡也有一段意思不盡相同的話，雖然已經成了老生常談：「我要在內心的自我中深深領略，領略賦予全人類的精神。」[7]

在不斷加速的社會裡，其實以下兩種狀況都會出現：人們既想盡辦法要掌握遙遠的「未來」，又會退縮到佈置得富麗堂皇、而把「未來」擋在門外的「現在」。「未來」從來沒有這麼靠近過，當然也有它自己產生的風險，正如我們在「憂慮的時間」那一章裡提到的。「未來」繞過風險，迂迴地逼近「現在」。諾沃特尼（Helga Nowotny）*說：「人類行為的『環境迴圈』（Umweltschleifen）變成了反饋到現在的『時間迴圈』（Zeitschleifen）。」[8]我們或許可以說，這個加速度疾如旋踵，以致於未來總是早就開始了。

在這個加速的生活風格以及和它對應的時間經驗方興未艾之際，齊美爾（Georg Simmel）★試圖以「神經生活的提高」（Steigerung des Nervenlebens）[9]的概念去理解它。間不容隙地襲向個人、而個人必須反應的刺激，其數量不斷增加。「每次穿越馬路，隨著經濟、職場和社會生活的節奏和雜多」，個人一直面對著新的課題。齊美爾說，那只會消耗更多的意識。為什麼是更多的意識？感覺和習慣就沒事嗎？齊美爾說，這就是問題所在。生活不斷加速，使得我們沒有足夠的時間去適應滄海橫流，時距比較遲緩的心理狀態也瞠乎其後，因此，不斷接受刺激的，是表層的、活動力更強的意識層次，而「潛意識的心理層次」固然也擾動不安，卻還沒有觸及那真正的心理元素，「那從不間斷的適應的平靜均衡狀態」。

談到加速，就必須澄清一個很容易混進來的誤解。正如時間本身不會不夠，它自己也不會加速。加速的是在時間裡的事件和流程。如果在一段時間裡的各種事件和資訊的數量和密度增加，也會產生加速的印象。社會

——譯註——

* 諾沃特尼（Helga Nowotny, 1937-），奧地利社會學家，以科學和科技社會學研究著稱。

★ 齊美爾（Georg Simmel, 1858-1918），德國社會學家，新康德主義哲學家。

† 羅沙（Hartmut Rosa, 1965-），德國社會學家，政治學家。

學家羅沙（Hartmut Rosa）† 對於生活節奏的加速提出一個相當實用的定義：他說，那是關乎「每個時間單位裡的行動以及（或是）感受片段的增加」[10]。

對於世界的一般經驗本身也會產生加速的印象，因為依照定義，「每個時間單位裡的感受片段」會不斷增加。可是由於這些感受其實都只是片段的，大部分不會被加工且整合到個人經驗裡，因此這些感受都很平淡乏味，沒辦法持久，只會如幽靈一般消失。對於一般經驗而言，那幾乎是稀鬆平常的事。我們都很熟悉「電視弔詭」：在電視機前面坐了一整個晚上以後，人們往往馬上忘了剛才看了什麼。它總是如夢幻泡影般地草草收場。維希留（Paul Virilio）* 說那是一種「飛馳的靜止狀態」[11]。

透過通訊媒介的加速是一回事。而現實生活裡的交通工具的加速則是另一回事。在真實世界裡征服空間的科技日新月異且更加普及，人們的旅行也更頻繁，節奏更迅速。以前人們會把火車當成標準時間的時鐘產生器，但是它在「加速」的整個歷史裡的貢獻更是意義重大。火車猶如資本邏輯（Kapitallogik），而媒體技術則是現代加速的關鍵事件。

火車剛出現的時候，當時的人就知道那是個劃時代的創舉。「它開創了世界史的新頁，」在巴黎觀看往盧昂（Rouen）的鐵路通車儀式的海涅（Heinrich Heine）說：「而我們這一代也會因為身處其中而自豪。」[12] 人們覺得火車的速度（當時約莫時速三十公里）快到有生命危險，擔心會長期危害健康。他們認為身體的器官會功能異常，肌肉會痙攣，腦殼會壓迫腦質，身體構造完全沒辦法適應這種速度。其次還有心理的損害，呼嘯而過的風景讓人心醉神馳，卻也可能會使人再也擺脫不了眩暈感。當這些初期的刺激消褪，人們也習慣了新的節奏，車箱的座墊也改善了，人們就開始享受平穩順暢的行駛，只不過顯然還必須訓練一下如何眺望窗外。窗外的風景印象應接不暇，尤其是想要凝視某些東西的時候。所有東西倏忽即逝，難免會感到眩暈。人們必須學習新的觀看方式。眺望窗外，開啟了

——譯註——

* 維希留（Paul Virilio, 1932-），法國哲學家，文化評論家。

變化萬千的畫面，原本不應該錯過任何細節的，到頭來卻什麼都看不到。當時有個人寫道，從行駛中的火車往外望，「你只會看到風景的本質，你是個猶如老師傅一般的藝術家。你不會想要看到細節，而只看到整體，生命就在那裡頭。最後，它以彩色畫派（Koloristen）的弧線令你渾然忘我之後就戛然而止，你就再也看不到它了。」[13] 也就是高速中的寧靜。當速度再提高，就會產生一種效應，「外在對象既沒有顏色也沒有輪廓，在眼前一閃而過，再也無法分辨那是什麼東西。」

當人再也看不清外在事物時，他們就開始在車廂裡閱讀。車站書店如雨後春筍般地出現。在法國，路易・阿榭特（Louis Hachette）便以車站書店為基礎，建立起他的出版王國。他念念不忘旅客們的心理健康。「旅客一上車，」一八五二年，他在一張廣告傳單裡寫道：「就被裁定什麼事也不能做。」於是人們想到，「把長途旅行被迫的不作為和無聊變成大眾娛樂和教育。」在模仿中產階級的沙龍裝潢的車廂裡，人們開始了兩種旅程：空間的和頭腦的。第三等和第四等車廂裡擠滿了無產階級和小資產階級的民眾，他們坐在硬梆梆的木頭長條板凳上沒什麼心情閱讀，於是想到其他消遣方法，他們聊天、嘻鬧、喝酒，而火車規律的隆隆聲更激起他們引吭高歌的興致。他們就這麼顛顛簸簸、一身煤灰地到達他們的目的地。

加速和旅行也可以很有趣，而時間也在其中飛逝。沒有人好好想過巴斯噶所說的話，他說所有的不幸都是從人們不安於室開始的。一如既往，即使人們沒有真的一直都在旅行，他們也會在某些地方不停地漫遊，而且總是加緊腳步，為的是節省時間或是消磨時間。而我們都知道，流動的生活也會破壞那些地方。那就像是被消磨掉的時間找那些地方報復。為了在短時間內征服遙遠的距離，人們興建公路、鐵路和機場，因而損耗了風光景色。為了高速行駛，人們不得不建造暢行無阻的、閒雜人等不能使用的道路。大步邁進的空間的意義已經不見了。在啟程和抵達之間有一種像是隧道的東西；人們在其中消磨的時間必須盡可能不知不覺地消逝。這還暗示著行駛在路況良好的道路上，駕駛著名車或是搭程高速鐵路，抵達的時候正如啟程時一樣：光鮮亮麗、神清氣爽、輕鬆寫意。人不必大費周章就可以到某個遙遠的地方了。

可是或許人只會在途中才會感覺到什麼。一下子就到了，那就像是哪裡也沒有去過。民族學家說，澳洲原住民徒步走了幾個鐘頭的路以後，會坐下來歇歇，好讓他們的靈魂跟上他們。以前出門旅行一趟，感覺就像變了個人似的。現在則是：人在抵達某個地方時和啟程時無甚差別，而抵達的地方也到處都一樣。全球流動使得空間也齊一化。在全球流通的商品、資本和資訊，讓人走到哪裡都覺得似曾相識：每個地方都會調整它們的相互關係。區域性的東西真的變成「四海一家」了。

現在的加速有琳琅滿目的面向。隨著交通、通訊、生產和消費在技術方面的加速，在職業、家庭、伴侶關係乃至於個人生涯規畫的社會變遷也乘奔御風。即使社會的外部框架保持穩定，但是整個社會仍然動應無方，個人也必須更有彈性。人必須對於住所和職業的變化預做準備，甚至是社會地位的起起落落。職業和生活境況的變化多端，使得個人經歷無用武之地。人必須不斷重新學習。生產者會跟不上時代，而他們的產品過時得更快。所有人都被捲入極為殘酷的割喉戰裡。人們會莫可奈何地談到譎變倏怳的時間，以表達他們的感受：相對於供需的範圍不斷擴大，個人的時間資源越來越短缺。

我們一直在消耗的大自然也被捲入這個加速當中。例如能源儲藏量。它可以說是物質化的時間，因為它是由數百萬年的化石形成的。而在不斷加速的工業社會裡，它在最短的時間內被消耗殆盡，甚至包括也要很長的時間演化才會形成的生物多樣性，它也在很短的時間內就被瓦解了。由「過去」積累而成的財富被消耗掉，而種種垃圾產品則加重了「未來」的負擔。克魯格（Alexander Kluge）說的好，他把這個過程叫做「現在對於時間的殘餘的攻擊」。但是如果說自然時間和社會時間產生衝突，我們可以確定說，我們受到社會性的加速狂熱的鼓動，會選擇速戰速決。然後，覆蓋著大地的生命「霉層」（叔本華語）會恢復原狀，而這個擁有宛如菩提樹一般的美麗曲線的藍色星球，也會在太空中完好如初地繼續運行，而

本身，轉輪，也就是勞動過程本身：一切都是為了它，消費、資本挹注、創造性的破壞。所有東西都要投入。如果人脫離了勞動過程嗡嗡作響的旋轉，他就脫離了世界。就像轉動「巨輪」的裸行仙人一樣，人們在勞動過程中也不能問：這一切為的是什麼？就像裸行仙人一樣，人們必須「用全身的力氣幫助它嗡嗡地……旋轉，才不會使時間有片刻靜止之虞」。如果人們只是袖手旁觀，那不停奔跑的仙人會暴跳如雷。「他激動得發抖，要他們看看永恆之輪如何轉個不停，那始終如一的、有節奏的時間的呼嘯前進，他們自身也涉入其中，而且被它往前拉，卻對於它無動於衷，這使得他不禁咬牙切齒；他們太靠近飛奔中的仙人時，他便把他們都撂倒。」[14]

浪漫主義者聽過這個故事，這個呼嘯的時輪，它以它的嘈雜聲和不停

——譯註——

*原本是指一種「車磔之刑」，把犯人綁在車輪上，用鈍器打斷其四肢致死。

的轉動填滿了人的一生（生活時間）。可是他們也在找尋別的東西，脫離這個痛苦的輪轉的東西；瓦肯羅德叫它做「對於不知名的美麗事物的渴望」。在故事的結尾，整個宇宙響起天體音樂，那跑得上氣不接下氣的仙人才不再兜著圈子轉。社會化的、管理化的生活，為了世界時間而開放自己。對於浪漫主義的傳說而言，「所有星辰仙樂齊飄」，望著夜空，令人心醉神迷而充滿希望，可是對於現在的我們而言，是否也是如此呢？

第六章 人的一生和世界時間

有期限的人的一生，沒有期限的世界時間。周而復始的時間減緩了緊張關係。基督教對於世界時間的抨擊。時間的虛無。再訪奧古斯丁。一段時間，而不是一個時間點。關於時間經驗的一點點現象學。沒有現在的種種過去。現實的時間和想像的時間。荒謬和世界時間的實現：唯物論的、基督教的、進步的、演化的。

人是很另類的生物。他會走出自己的中心點，從外部觀察自己，想像自己在這麼遠的地方，以致於在凝視著他所屬的全體時，不由得觳觫不安。尼采有個鞭辟入裡的說法：「在無數的太陽系裡流瀉著微光的宇宙裡，在其中某個偏遠的角落，有個小星球，在那星球上，聰明的動物杜撰了知識這種東西。那是『世界歷史』裡最趾高氣昂、謊也扯得最大的一分鐘：然而也只有一分鐘而已。在大自然的下一個瞬間，那星球就會冷卻，而那些聰明的動物也難逃一死。」[1]

我們這些杜撰出知識的「聰明的動物」，也認識到時間，屬己的時間和世界的時間，尤其是兩者之間的差別。這個差別令我們不得不承認，不管在空間或是時間裡，我們都只是個極微的原子，剎那生滅的原子。我們是瞬息的生物，卻可以想像著如何走出自己，而投入浩瀚無垠的時間裡。這使我們多了一點卓越和尊嚴的感覺：整個浩瀚無垠的世界時間猶如一座倒立的金字塔，在一種知性的頂端顫巍巍地保持平衡，那種知性可以計算無限的東西，自身卻是有限的。它只能擁有「大自然的一個瞬間」。

人的一生有個期限。那麼也有期限的世界時間呢？它有沒有可能也只是方生方死的東西嗎？或者它是無始無終的，相對於有個開始和結束的事件，是亙古長存的？自古代希臘以來的哲人就一直和這些問題糾纏不清。

在希臘神話裡，時間被認為是無始的，而不同於在時間上有個起點的諸神生成歷史。他們也不是時間的主人或創造者，而是臣服於時間的。赫西奧德（Hesiod）描寫過時間一團混亂的開始的故事。愛神（Eros）使大胸脯的蓋亞（Gaia）（大地女神）懷孕，生下了烏拉諾斯（Uranos）（天神），他又和母親交媾，生下了下一代的諸神，烏拉諾斯神族，其中包括歐開諾斯（Okeanos）和克羅諾斯（Kronos）。他們又和姊妹們生了下一代諸神，其中包括宙斯（Zeus）（相當於拉丁文裡的朱庇特，我們在關於「憂慮」的那一章裡遇過他）。但是克羅諾斯對他的後代心生疑慮，於是把他們都吞進肚子裡。傳說把吞下孩子的克羅諾斯以及時間之神克倫諾斯（Chronos）的形象混為一談，於是產生了吞噬一切的時間的駭人形象。希臘諸神一旦誕生了就不會死。他們可以看見未來：好比說，他們知道阿奇里斯（Achill）會死卻無法阻止。他們雖然是不死的，卻並沒有超越世界時間，而是臣屬於它。諸神在時間裡行動，而時間則超越諸神，它是屬於無限者（Apeiron）的。

無邊無際的世界時間因為有周而復始的時間劃分，而不致於一直陷於紛擾不安當中。週期循環緩和了對於無止盡的線性時間的恐懼，在線性時間裡，每個事件都是獨一無二的，沒辦法重來的，到頭來也會消失無蹤，宛如不曾存在過。相對的，周而復始的時間讓人感覺到可以在時間裡持存，至今一直是我們根深柢固的感受：四季更迭、日月週期，再加上因為這個週期而產生的「潮汐」（Gezeiten），以及植物生命的循環。它成了人類農業社會的依據，自然歷程為播種、收成、漁獵規定了一個節奏，再加上配合這個節奏的社會習俗和儀式，形成了一種有生命的時間，而現在的城市居民也喜歡很浪漫地美化它。只要人能夠感受到這個有生命的、週期的時間，儘管不很完整，它就可以讓感到壓力的意識有所憑仗，去對抗那線性的、一去不返的時間。即使人們只是暫時沉浸在有生命的時間裡，社會的時間齒輪當下就儼然成為一種很滑稽的躁動。周而復始的時間的觀點能夠紓解人們的歇斯底里。無論如何，周而復始的時間賦予世界時間一個有生命的感覺，有助於生命時間和世界時間的同步化，尤其是因為自己的身體節奏也是週期循環的。

在歷史上，隨著基督教的興起，對世界時間也出現了一個全新的理解。人們談到救恩史的管理、談到等待、對於時間緊迫的念茲在茲，以及關於虛擲光陰的告誡。在這個脈絡下，人們也試圖從神的永恆「現在」的視域去證明世界時間的虛無，史無前例裡揭露時間經驗的深層結構。關於這點，可見於奧古斯丁的那部自傳的第十一章，而它也是西方世界在思考時間時引用最多的段落。

在一部回憶錄裡提到時間的問題，其實並不那麼令人意外，因為回憶本身就蘊含了對於時間的思考。奧古斯丁問自己，他是怎麼變成現在的他，變成一個歸信者，甚至當上了主教？他回顧自己尋尋覓覓而誤入歧途的那段時間。整部書宛如與神的對話，與時間的主宰的對話。那不只是浮辭妄論；作者以想像的對話模式，幾乎是在禱告，既開放又真誠，因為他什麼都瞞不了神。奧古斯丁覺得時間的問題猶如神為他出的一道謎題。「那麼時間究竟是什麼？沒有人問我，我倒清楚，有人問我，我想說明，便茫然不解了。」[2]

時間為什麼如此神祕？時間獨特的虛無，使得奧古斯丁認為那不是神學的信理，而隱約覺得是個相當神祕的經驗。奧古斯丁意識到，「現在」的「存有」被兩種「非有」包圍著：過去的「不再存在」以及未來的「尚未到來」。奧古斯丁說，時間既存在又不存在。我們想一想「現在」這個東西。它看起來擁有一個存有。然而它馬上就消失在「過去」裡而不再存在。可是「現在」有多長？一年、一天、一分鐘？它是不可分割的，嚴格來說，它也幾乎沒有長度。我才說「當下」，這個「當下」就已經走了。到頭來，現在只剩下一個極微的點。它是無限短暫的，可是只要我們還活著，它就不會停歇。一直都會有個「當下」。這正是前述「持存的現在」的觀念。

那麼時間就是現在的這個當下，或者是它將要消失到的那個地方？可是這麼一來，時間就不是個存有，而是個消逝。此外，我們也無法改變未來，因為未來只不過是迎著我們走來、經過這個「當下」的點、接著就要消失的東西。人們感受到這個弔詭，未來的時間還沒有來，過去的時間已然不再，而現在的時間被化約成一個幾乎沒有長度的片刻，也就是當下。然而如果我們真的被化約成當下的點，而且每個當下都會吞噬已經過去的當下，那麼我們就不可能有時間經驗了。那麼它是如何可能的？奧古斯丁的回答是：因為我們在消逝當中抓住那消逝者。現在並沒有就此無影無蹤，它會在記憶裡待一陣子，猶如心裡的餘像。奧古斯丁說，心靈固然都是和當下有關，可是從前的東西會在心裡稍作停留，而當下和從前的這個「同時存在」便產生了一時間長度，一個只有在心靈裡才感受得到的時間長度（這點相當重要）。

心靈透過回憶緊抓著一段時間，這個能力是屬於「內在時間」，也使得「外在時間」的知覺成為可能。這個透過內省而得到的觀察（我們感受到的不是一個時間點，而是一段時間），可以從若干不同的面向去證實。威廉・詹姆士（William James）[*]說，這個被感受為「當下」的現在，「並不是刀刃，而比較像是鞍背，有它自己的寬度，我們坐在它上頭，眺望著時間的兩個方向。」[3]胡賽爾（Edmund Husserl）[★]也以現象學的方法分析「當下性」（Gegenwärtigkeit）的經驗，認為它同時是「預想」（Protention）也是「存留」（Retention）。[†]唯有如此，我們心裡的時間才不會散落成一個個時間點，我們也才能感受到時間的前後相續，因為在每個片刻裡，剛剛過去的仍然「現前」（存留），而對於未來的東西也會有個期待（預想）。腦神經科學家波佩爾（Ernst Pöppel）[‡]後來也測出知覺的這個「當下之窗」。意識聚集到「當下」的時間有三秒鐘之久。[4]

十九世紀末的生物學家魏克斯庫爾（Jakob von Uexküll）[∞]發現，聚集成一個「當下」的時間長度，在不同的物種之間或長或短，想像一下世界展現在某個生物面前的「當下時間」可能長得多或短得多，那會是多麼美妙的事。那就像是電影裡的慢動作或縮時攝影：晝夜更替的節奏會加速，我們也看得到樹木的生長，看到太陽如何在天空飛馳而過。反之，如果「當下時間」放大一千倍，那麼射擊出去的子彈幾乎會停在空中一動也不動。

可是不管「當下時間」再怎麼短，它還是一段時間，而不是個點，不然我們就不會有時間的知覺。堅持這個現象學的洞見是很重要的，雖然自然科學家，尤其是物理學家，往往對它嗤之以鼻。我們不能忘記，把時間看作一個個的點的那種想法，無法把時間想像成一段能夠經驗到的時間

譯註

* 威廉·詹姆士（William James, 1842-1910），美國實用主義哲學家、美國心理學之父。

★ 胡賽爾（Edmund Husserl, 1859-1938），奧地利哲學家，現象學之父。

† 胡賽爾認為「當下」有三個面向：主要經驗、預想和存留。主要經驗是指現前的感受，預想是當下的經驗讓人感到有什麼事要發生，而存留則是對於消逝中的過去的時間經驗，是在記憶產生之前的。「Protention」或譯為「前攝、延展、突向、期望意識」，「Retention」或譯為「存留、持存」。

‡ 波佩爾（Ernst Pöppel, 1940-），德國心理學家，腦神經科學家。

∞ 魏克斯庫爾（Jakob von Uexküll, 1864-1944），愛沙尼亞生理學家。

連續體。正如線不是點的總和，因為點是沒有長度的，我們沒辦法從沒有長度的東西得出任何長度，同樣的，時間連續體也不會是若干時間點的總和，因為時間點是沒有長度的，我們把再多的時間點加在一起，還是不會得出一段時間的。這是題外話，人們總是會想要把短暫的時間看作消逝的時間，現在我們回到感受的時間。

直到對於當下的知覺一方面過渡到在記憶中的保存，另一方面過渡到意向的預想，運動才進入時間，而時間本身也才會被經驗到。開啟時間向度的，不是把時間點固定，而是體驗到時間的流逝。如前所述，只有擁有時間意識的觀察者才會有這些時間向度。所以，正如海德格一針見血的說法，人不只是在時間裡，他更會生成時間。石頭、植物和大多數的動物，則只是在時間裡，它們並不會生成它。

但是如果談到過去、現在和未來，就必須預設一個擁有時間意識的觀察者，那麼就會產生一個弔詭的推論：在一個觀察者的意識浮現之前，關於整個世界的過去，我們只能說，那是一個從來沒有現在的過去，因為那時候還沒有任何觀察者。而我們也總是以觀察者自居。有個觀念顯然在我們心裡揮之不去，我們認為如果某物在當下或是在過去存在，那麼它就必定曾經在意識裡映現過。沒有自我意識、因而不曾擁有「當下」的那些石頭，它是它自己的過去，卻不曾擁有過去，而或許還會存在很久——它到底是怎麼存在於這個世界的？這些原本是讓人不安的問題，以前會推論出神的觀念，祂就像是一片意識的保護罩，遍覆著一切，萬物都因祂而存在。神數算著宇宙萬有，穹蒼裡的小星球，我頭上的頭髮，樹上的葉子。*

人沒有石頭的那種困擾，因為他的存有擁有意識，因而可以擁有當下。時間以現在為依據，在過去和未來裡排列整齊。這個時間向度的構成影響甚鉅，這使得人針對無意識且因而無時間的世界設立閥門。我們覺得很難設身處地地想像無意識的領域，雖然我們是其中的一分子，因為許多

——譯註——

*《馬太福音》10:29-30：「兩個麻雀不是賣一分銀子嗎？若是你們的父不許，一個也不能掉在地上；就是你們的頭髮也都被數過了。」

無意識的事物影響著我們的身體而心靈卻不為所知。闖入意識不能及的層次，這種事只能從外部去描述和觀察，而沒辦法從內在世界著手，因為對意識而言，並沒有內在世界這種東西。因此，比起眼前看得見摸得著的石頭，揣摩一個不管到底存在與否的神倒還容易一些。作為精神性的存有者，神比無意識的石頭更接近我們一點。奧古斯丁想要棲止在他的神裡頭。然而或許他找錯地方了。或許石頭還比較合適。

當觀察者遠眺過去和未來時，眼前景象總是讓他不能自已。橫無際涯的時間，當然，以空間去比喻時間會造成若干錯覺，因為人在空間裡可以往前往後，甚至朝著任何方向走去，可是在時間裡卻不行。時間有個方向，它是不可逆的，不能回頭走。從前和以後是不能對調的。不過我們還是可以在想像裡自由行走，不管是往前或往後。我們生活在兩個時區裡：在一個現實的時間裡，我們感到逝者如斯而一去不返；其次是在一個社會的時間裡，它對我們佯裝說世界上有若干時間長度，從神的創世或是宇宙大爆炸，直到末日審判或是熵的熱寂（Wärmetod）*，在這期間，我們可以自由行動。

世界時間究竟是有限或是無限的——從有期限的生命去看，它似乎是無窮無盡的，因為人無法經驗到那個界限。也正因為如此，人們或許會對如此橫無際涯的世界時間感到事不關己，可是事實往往正好相反：由於宇宙的時間和空間的擴延如此浩瀚無際，個別的生命看起來就像個拙劣的玩笑，短暫而無關緊要。「我在地上的日子會遺留痕跡，它將永遠不會化為烏有，」浮士德說。[5]這個可悲的人大錯特錯。其實，到頭來什麼都留不住。**就像黑格爾（Hegel）**令人沉吟低徊的說法，世界時間「只是壞滅的暴流」。★

——譯註——

*根據熱力學第二定律，宇宙的能量終將耗盡，進入所謂「熱寂」（heat death）的永久靜止狀態。

★見：黑格爾《精神現象學》：「所以，普遍的自由，既不能產生任何肯定性事業，也不能作出任何肯定性行動；它所能做的只是否定性的行動；它只是製造毀滅的狂暴。」（中譯見《精神現象學》，賀麟譯。）這段話原本是在批評法國大革命及其後的恐怖統治。但是作者的意思顯然不同於黑格爾，所以不採用這個譯法。

剛才我們談到了熱力學第二定律，說起來令人很沮喪，因為它說，非隨機的、也就是有序的狀態，如果沒有透過消耗大量能量以阻止它的話，會變成隨機的、也就是無序的同質狀態。這個不可逆性就構成了從非隨機狀態到隨機狀態的時間之箭，而秩序則是屬於非隨機狀態。總是為孩子一團亂的房間傷腦筋的人，應該會馬上成為熱力學第二定律的信徒。一開始房間整理得井然有序，然後呢？在一般的文化裡，整齊的房間屬於非隨機狀態，可是它沒有多久就會被弄亂，變成一種隨機狀態。看到這種景象，不會是開心的事。當然大人們可以幽默以對，或是在大動肝火時想辦法自我解嘲一下。

當世界時間顯露它的意義瓦解的向度時，也會讓人憂心。這就是卡繆（Albert Camus）的「荒謬」概念所要強調的認知，一種駭人的景象，「大自然或某片風景是如此強烈地否定我們的存在……頓時失去了我們所賦予的那些虛幻的意義」。[6]

這並不是近代才有的經驗。古代人就已經知道沒辦法以人的意義去解釋的自然現象有其世界時間。我們以柏拉圖的死對頭德謨克里特（Demokrit）為例*，他的原子論預示了近代的自然科學。德謨克里特假定了相互碰撞的原子、空虛的空間和時間的存在。大小不同的原子速度也不同，它們會像撞球一樣相互碰撞以及攪動，因而形成各種事物。人的靈魂和心靈也是由極微原子的聚合和渦旋運動形成的。空虛的空間和時間以及原子的聚合，就構成了世界萬物。然而人也會有種種闇昧的認識，它們對人是有害的，因為它們會使人無法正確觀看事物。人們會有個錯誤觀念，以為自然是有個目的因，也就是說有個目標。德謨克里特說，非也，它並沒有任何目的，相反的，它完全是偶然的，即便人們寧願它能有所不同，例如說自然的運行符合人的理智，有個目標並且加以實現。自然正好

譯註

*「阿里斯多克森在他的《歷史回憶錄》裡記載說，柏拉圖想把他所能蒐集到的德謨克里特的全部作品都用火燒光，但是畢達哥拉斯學派的阿米克拉和克拉利亞勸他打消主意，認為這是無用的企圖，因為這些著作已經在很多人的手中了。」（Diogenes Laërtius, *Lives and Opinions of Eminent Philosophers*）

相反。一切自然現象都是依據嚴格的必然性，當然也沒有目的可言：那是個盲目的必然性，看不出有任何意義。德謨克里特不認為有個作為創世力量的理性，一切都只是原子的運動，它們以其偶然的遊戲充填了整個世界時間。人不必為此感到憂慮或悲觀，因為人終究要擺脫對神明以及其他命運力量的敬畏。沒有任何宇宙會產生意義，人必須自己去找尋它。

這個古代的自然主義可以說是近代自然科學思想的前身。它始終暗潮洶湧而不曾消失，反而換裝成世界時間和生命時間的和解，不管是基督教的救恩史、俗世的進步史觀，或是自然演化史的概念。生命時間和世界時間的裂隙固然不會因此完全填補起來，卻不妨將就著以前述的隱含意義作為其橋樑。

隨著基督教所理解的救恩史，再加上猶太先知的預言，所有人的關注焦點都轉移到未來的救恩及末日審判。現在他們感受到的時間是往前走的。人們問：我們要到哪裡去？我們會遭遇到什麼？使一切煥然一新的事件。彌賽亞的復臨，新的耶路撒冷。人們揮別了古代的歷史循環論。亞歷山大或奧古斯都固然可以把他們的帝國視為整個時代的產物，但是時間的巨輪會繼續轉動，也會展開新的週期。古代的人不認為歷史有個終點或是朝向一個涵蓋一切的目標前進。即便是亞歷山大大帝的老師，博學深思的亞里斯多德，他也從來沒有想過把歷史擢升到哲學的高度。對他而言，歷史只不過是權力欲望的狂熱和衝突的你來我往而已，相同的劇本，只是在不同的舞台，換上不同的戲服上演罷了。古代認為歷史是循環的，而在基督教時代的歷史則是充滿末世論的色彩。

當人們的信仰沒落，末世、救恩也迷失了方向，但是對於未來以及向前進的期待則不曾動搖。未來是時間真正的視域，如果人們不再相信彼岸的救恩，也就不會有對於進步的俗世信仰。在這個背景之下，近代世界的各種革命，進步時代的推進劑，披上了它們的神聖外衣，而它們的對手則會把它們妖魔化。在一八〇〇年前後，席列格（Friedrich Schlegel）*寫道：

——譯註——

* 席列格（Friedrich Schlegel, 1772-1829），德國詩人，浪漫主義代表人物。

「渴望成就神的國度的革命抱負，是所有進步觀的教育的彈跳點，也是近代歷史的開端。」[7]

黑格爾是進步史觀的集大成者，他把忠實的信仰轉化為對於世界的理性觀點，而再也不必預設對於彼岸世界的信仰。人只需相信自己的理性，相信內在的辯證精神，而我們也可以看到它如何外顯於世界，看到它如何先後在自然、社會和歷史當中回到它自身，並且把自由灌注到所有事物裡。在黑格爾的哲學裡，我們會覺得自己似乎已經走進未來。他史無前例地把世界時間拉進他的生命時間的外殼裡。黑格爾是否明白他的創舉裡含有深層的歧義性，我們不得而知。無論如何，當他把「神的意志」等同於「自由的理念」，並且自詡為絕對精神的俗世祭司時，我們不覺得那是個反諷。他一點也不驕矜自大地解釋說，重點不在於他個人，而只在於他推卸不掉的任務。

我們在黑格爾的哲學裡可以清楚感覺得到進步史觀的餘溫，甚至包括馬克思，他原本想要把黑格爾的形上學從天上拉到人間的。在黑格爾的哲學裡，密內發（Minerva）的貓頭鷹要等到黃昏到來才會起飛*，也就是所謂一切都完成的時候。可是對於馬克思而言，它則是在破曉時分就要振翅高飛，宣告真正解放的時刻到來。「批判之所以扯裂幻想的花朵的枷鎖，不是要人們載上沒有想像的、絕望的枷鎖，而是要他扔掉任何枷鎖，讓生命的花朵綻放。」[8]高唱入雲的觀念論的夢想被一個奔軼絕塵的現實給超越過去了。作為歷史時間的世界時間，要和解放的歷程攜手偕行。

許多希望都落空了。率先出現的，並不是創造新天新地的偉大政治革命，而是間不容髮的工業革命，它先後在英格蘭、法國和德國發生。科技精神蘊含了影響力強大的進步承諾，人們汲汲於探索從知識到生產的捷徑，並且處處提防是否有人識破他的詭計。人們粗暴地對待大自然，正如歌德所說的，在實驗當中凌虐它，而當人們明白自然如何運行時，則會要

——譯註——

*見黑格爾《法哲學原理》序言：「關於教導世界應該怎樣，也必須略為一談。在這方面，無論如何哲學都來得太遲。哲學作為有關世界的思想，要直到現實結束其形成過程並完成自身之後，才會出現。……密內發的貓頭鷹要等到黃昏到來，才會起飛。」

它照著自己的意思前進。說也奇怪，就在絕對精神翱翔天際的十九世紀中葉，突然興起一股風潮，以冷靜的眼光觀察事物，並且把它們盡可能地變小。一種化約論的思考模式正方興未艾：「那只不過是……」這種新的實在論（Realismus）既貶抑人的價值，卻又要人成就大事業，就像我們在歌頌造福人類的科學化文明一樣。它要人們處處從實用和效益的立場去思考。大約在十九世紀末，西門子（Werner von Siemens）在柏林最大的會議廳，藍茨馬戲場，追憶那個時代的精神：「我們不要忘失了我們的信念，我們的研究發明能力提升了人類的文化層次……臨到我們的自然科學時代使人脫離貧病，生活富庶，使人更幸福，也更滿意他們的命運。」[9]

在這些對於未來的期待中，人也會覺得自己和世界時間攜手並進，前提是要善用它。他們必須認真觀察和實驗，而不是無益地枯坐冥想。人們投入嘗試和錯誤，覺得達爾文的演化論可以證實他們的想法，就連大自然也是利用嘗試和錯誤的方法演化出來的。達爾文認為，突變是遺傳訊息的錯誤傳遞，也就是錯誤的意外，而在物種內部產生各種突變種。接著則是物競天擇，適者生存。大自然的運行是透過突變以及適者生存的天擇，而沒有目標可言。我們也可以說：在演化裡，大自然在錯誤中進步。那當然必須花很長的時間。幸好自從哥白尼的轉向以來，人們據以估測事物的宇宙時間範圍已經膨脹到無邊無際。

一千多年以來聖經時間觀念的緊身衣突然被撐破，那不只是因為人們仰望星空，更是探索地底的結果。光是化石的發現以地層的探測就使得創世的時間在七、八千年前的這種說法站不住腳。一次大洪水不足以說明地表的結構，為了解釋現在的地表的問題，我們必須假設有多次大洪水或是其他的災難。十七世紀末期有個影響甚大的地質學理論，它把當時的地球形態描述為原始地殼沖刷後的唯一殘留遺跡，海盆區是一個個巨大的地洞，底下有沉沒的大陸、爆發過的火山、各種終磧（end moraine）和荒原。

當康德提出他第一個宇宙論的理論時，聖經所謂六千五百年的世界年齡已經變成一百萬年，這位野心勃勃的年輕哲學家也採用這個說法。那不是什麼問題，因為自從牛頓（Newton）為時間賦予了絕對的大小以後，他有的是時間。牛頓認為，擴延的空間是無限大的，時間也是。就像宇宙空間一樣，宇宙時間也被想像成絕對的，彷彿在所有事件之外，有一座宇宙時鐘在滴答響著，為每個事件指定一個時間位置。然而在這個世界時間裡的事件是有限的（牛頓仍然相信創世的事實），人們就難免會遇到空無時間的問題。因為我們一定會問，在事件之前，在地球和宇宙誕生之前，是否有時間的存在。我們當然不得其解，因為牛頓不想為了世界的誕生以及時間點的問題傷腦筋，寧可撤退到他的自然神論（Deismus）裡頭。*

可是有個問題會不斷浮現：如果什麼事件也沒發生，那麼牛頓的空無時間怎麼辦？那是個空無時間的幽靈。牛頓之後一個世代的康德，把荒謬的虛無（那是不得不得出的推論）排除在實在界之外，認為那都是意識的錯，康德認為，意識在結構上必然會假定在每個「之前」之前有另一個「之前」。於是，絕對時間就僅僅是意識在思考上的必然性，而沒有任何存有的依據。

但是我們對於空無時間的問題置之不理，轉而探討那一點也不空虛的、充滿著事件的演化的時間，那麼意識面對的就不會是讓人難以忍受的空無，而是個無窮的豐盈，正如康德所說的，「需要整整數百萬個世紀，才能使整個無量無邊的眾多世界橫無際涯的無限空間充滿生命。」[10]

自十八世紀以降，人們已經普遍接受了演化的觀念。然而盛行了若干世紀的大自然的「存有者巨鏈」★觀念，現在也被理解成一種時間的次序。很久以前，人們相信在這條巨鏈上的所有存有者形成了一個豐盈而緊密的相互關係，它們會突然躍上生命的舞台；接著這個想像開始動搖，人們假定個別的種屬是從它們各自的胚胎誕生，既不互相從屬，卻又相續不絕。然而這個以達爾文為名的觀念翻轉，認為種屬不僅是前後相續而已，它們

——譯註——

＊自然神論（Deismus），十六世紀中葉興起於英格蘭。它認為有個位格的造物神，但是他並不是時時主宰這個世界，因而否認任何神蹟以及超自然的啟示。

★「存有者的巨鏈」（the great chain of being），這個觀念源自柏拉圖和亞里斯多德，認為物質和存有者都有其位階而形成一條鏈結，到了中世紀則是變成由神以降的存有者位階結構。

更是跨越了物種界限，從對方那裡演化出來的。達爾文主義認為，生命經過漫長的歲月，為自己鋪了一條路，從第一個有生命的胚胎一直到人類，但是其中並沒有目的論式的意圖，而且透過偶然的突變和天擇。雖然不獨人類如此，但是人的境況最特別，也就是演化花了很久的時間才使人類誕生。這或許使得以前的人們更加以萬物之靈自豪，如果主導這一切的不是偶然的話。無論如何，智人的演化必須花窮年累世的時間。《浮士德》第二部就是在影射這點。在實驗室裡被造出來的何蒙古魯士（Homonculus）沒辦法活下去，他必須回到水裡，回到大海，這個人類的劣質品在那裡才能得到演化所需的時間。「你的行動須依照永恆的典範，經歷千萬種的形象，等到你成人還需要一段時間。」[11]

作為世界時間，演化的時間是過去了的時間，它當然不會止於人類，人類也不能誤以為自己就是演化的頂點或目標。演化會越過人類往前走，不管是進化、分枝或退化。不過人們還是會問，這個演化歷程是否有干預的可能。達爾文自己主張順其自然，而反對人為造作，可是他說不上來人的權力欲哪一天會失控，最先是在物種和育種的想法上，接著是以科技的進步為基礎的基因干預。無論如何，人為的歷史時間和演化的時間融合在一起，不管人的干預是否得到他們想要的效果。

把人類也身在其中的自然事件掌握在手裡，一直是啟蒙運動的夢想。赫德（Herder）*認為使人擁有人性的，是大自然那隻看不見的手，可是康德不以為然，他說人是天生能夠自己做決定的存有者，也有能力成就自己的極致。人不能只是指望大自然演化，他必須把手伸進去。作為一個脫離了自然的存有者，他必須在歷史的進程中主動催生他自己的演化，實現他為自己設定的目標，據此他也使自己成為一個「理性的動物」。[12]然而康德認為，能夠成就其天命的，不會是個人，而或許是必須歷經若干世代的整個人類。

——譯註——

* 赫德（Johann Gottfried Herder, 1744-1803），德國哲學家和語言學家，狂飆運動的先驅。

掌握在自己手中的演化，它所依據的不再是突變和天擇的原理，也不是啟蒙和理性的原理，更不必那麼曠日費時，演化也必須加緊腳步。現在正在實驗當中的演化技術，是試圖使世界時間的一個面向，也就是自然演化的時間，更加接近生命時間，而且後者也只在一彈指間，因為在天文物理的世界觀裡，世界時間和生命時間之間的差距會不斷擴大到難以想像的地步。

第七章——宇宙時間

時間的開端。初始奇點。物理學裡的末世論。羅素的文化之舟以及廣袤的太空夜晚。愛因斯坦的相對論。並不是一切都是相對的，但是我們也不是活在同一個時間裡。同步性之謎。時空。超越人與世界的二元論。愛因斯坦的宇宙信仰。崇高者。

「依據以物理學的實在論觀點為基礎的世界模型……一切都有個絕對的時間零點。」天文物理學家康尼柴德（Bernulf Kanitscheider）如是說，顯然和後來的盛行的觀點不謀而合。以前的人們一再嘗試以數學的方法越過這個「初始奇點」，找尋一條回到無限的過去的路，卻總是無法越過這個獨特的絕對時間零點。根據現在的天文物理學觀點，時間有個開端，可是我們不能把它想像成第一個事件，因為事件既是主動也是被動的。我們無法想像一個只會催生其他事件、自己卻不是被催生出來的事件。因此這個惡名昭彰的「初始奇點」也不能被理解為事件，而是「宇宙所有過去事件鏈結」的邊緣。如前所述，這個邊緣本身不是事件，而是作為時間開端的界限。正如康尼柴德所說的，那只是「世界的起點，是自然而然的、非因果性的形成過程，在時間上沒有任何先行者」，然而光是「形成過程」這個語詞就很容易被誤解，因為它其實不是什麼過程，而是個並非從另一個狀態裡產生的狀態，而我們卻很難想像這點，也看不出來它和「從無到有」（creatio ex nihilo）有什麼差別：在若干關鍵的問題上，我們並沒有得到什麼答案。無論如何，大約在兩百億年前，這個和虛無相差無幾的次原子初始狀態，這個由基本粒子（初子）構成的密度和溫度極高的混合物，在大爆炸中膨脹，初始的密度和溫度也驟降，終於形成了原子和化學元素。接著從均勻分佈的物質，以漩渦流的模式，產生了星系團。其中一個星系在五十億年前形成，那就是我們的太陽和行星，當然也包括地球。

所以說，宇宙不是沒有起點的，就連時間也有個開端；唯有事件發生，才有時間的存在，所以說，時間必定在某個片刻開始，在那個初始狀態啟動。當然這一切早就沒辦法想像了，而我們只能像以前的人信仰創世神話那樣信仰這個理論。唯一的差別在於，我們真的可以偵測到宇宙背景輻射，也就是天文物理學裡開天闢地的伴隨現象。

我們再次概述一下宇宙起源說：古代人們認為宇宙和時間是沒有開端的。在基督教的世界觀裡，宇宙是被造出來的，因此有個開端，那就是創世的行動，時間就是從那裡開始的。牛頓把造物主擺在幕後，可是為了他的自然律，他必須假設絕對而無限的空間以及絕對而無限的時間。而現代的宇宙論則又和絕對的時間和空間分道揚鑣。自愛因斯坦（Einstein）以降，時間和空間的大小不只是相對地理解為「時空」（Raumzeit）*，而且時間又有了個起點——以及終點：總有個時刻，所有事件都會不復存在。至於先前的宇宙是否會過渡到一個收縮期，或者是以不同的速度繼續膨脹，則眾說紛紜。現在的天文物理學盛行一種物理學的末世論：「第一個顯著的事件會是太陽的演化……它會進入紅巨星階段★。接著整個演化會擴及到太陽系，迫使地球居民離開他們家鄉的星球。接下來，大約是 10^{12} 年，恆星的形成減緩，巨星已經蛻變成中子星或是黑洞……再過 10^{27} 年，宇宙變成許多個由星系團和超星系團構成的黑洞，它們由於空間的膨脹而彼此遠離，不過其間還是散佈著許多黑矮星、中子星以及孤立的黑洞，它！由於汽化過程而和母體星系分離，在不斷長大的空間裡四處亂竄……傳統理論認為死的物質是穩定的，但是在量子力學的觀點裡，就連中子也會瓦解……由此可以推論說，再過 10^{34} 年，所有以碳構成的生命都會消滅。我們再等著往下看，其後的歷程更明顯……在10^{66}年裡，量子力學也會染指黑洞。它們會釋放粒子，逸出外太空……在末世論觀點下的宇宙，到頭來變成由剩下的穩定粒子構成的大海，膨脹速度越來越慢，也越來越稀薄。在一個歲月漫長的宇宙裡，這就是『萬物的終點』，人類和其他高等生物一樣，都是宇宙的中期不可再的過渡角色。在起點和終點之間，演化出森羅萬象，而它也不會重新來過。」[1]

從牛頓到愛因斯坦，從伽利略（Galilei）到海森堡（Heisenberg）†，人們根據他們發現的幾個自然律和常數，去解釋這個終局事件。十九世紀

——譯註——

*「時空」（Raumzeit），指在數學上把時間和空間表現為四度的統一體，相對論即採用這個說法。

★恆星的衰變時期，時間約在數百萬年間。恆星因為體積膨脹而溫度下降，顏色偏向紅色，因此就叫作紅巨星。

†海森堡（Werner Karl Heisenberg, 1901-1976），德國物理學家、量子物理創始人之一。

由波茲曼（Ludwig Boltzmann）*提出的熱力學第二定律，也在這個劇本裡軋一角，因為它被理解為定向的時間之箭的定律。我們回想看看它的基本思想，它說，在封閉系統裡，以消耗能量維繫的非隨機的秩序，會趨向隨機狀態，也就是無序現象。每個秩序的崩解都被視為熵（Entropie）★的增加。人們喜歡以紙牌遊戲的例子來說明非隨機的秩序和隨機的無序之間的關係。起初紙牌會有個排列順序，然後開始洗牌，而紙牌偶然回復到開局時的秩序的機率可以說微乎其微。或者是另一個例子，當玻璃碎裂，碎片沒辦法以偶然的方式拼回原狀。根據傳統的物理定律，每個碎裂的事件基本上是可逆的，隨風飄散的碎片理論上也可以拼回原來的玻璃：但是其實不然，這就是時間之箭：整個事件不可逆的定向性，從某個秩序的非隨機狀態到秩序瓦解的隨機狀態。因此，上述物理學末世論所謂的「萬物的終點」，也可以說是宇宙瓦解成「由剩下的穩定粒子構成的越來越稀薄的大海」。由於這個均勻分佈以及事件的不復存在，時間也會跟著停止。那是個壞的永恆。

這樣的宇宙讓人覺得相當不合理。在古代，除了原子論者以外，宇宙通常被認為是合理的，基督教的世界觀也是如此，即使是以冰冷的機械原理解釋宇宙的牛頓，也會把神放在幕後當作熱源。他甚至相信神在大約六千年前創造了重力以及行星運行的奇蹟。牛頓並不誇張。直到現代的太空時代，人們才不再相信宇宙的無限性，也不再覺得有個神在支撐整個宇宙。而這也再次加強期限的感受，因為現在「壞滅的暴流」不只襲向個人的意識，更影響到整個存有。宇宙對人類的漠不關心已經讓巴斯噶嚇一跳，現在又多了宇宙的有限性。當然人不必為此感到驚慌，因為冷靜的人可以對自己說：如果到頭來不復存在的不只是我，更包括整個宇宙以及所有在其中發生的事件，那也不算什麼壞事。就連恆星也是會死的。

——譯註——

* 波茲曼（Ludwig Boltzmann, 1844-1906），奧地利物理學家、哲學家。

★ 由德國物理學家克勞修斯（Rudolf Julius Emanuel Clausius）於一八六五年所提出，指在動力學上不能做功的能量總數。熵的增加意味著做功的能量減少。它也被用來測量一個系統的失序現象。

如果說信仰不足以對抗不合理的宇宙，那麼人們只能憑藉自己創造的意義世界，也就是讓人們得以棲止的文化。羅素鞭辟入裡地描述這個在形上學意義下無家可歸的文化人的生命感受，他在他的意義居所裡尋求庇護，以對抗那巨大無邊的東西：「我們在小舟裡極目四望……黑暗的大海，我們在它翻騰的波浪當中漂流了一個鐘頭。一陣冷風從宇宙的長夜裡吹進我們的庇護所。人類身處充滿敵意的力量當中的整個孤寂感襲向個人的心靈，他只能以僅有的勇氣對抗宇宙的整個重量，那重量對於心靈的希望和恐懼完全無動於衷。」[2]

但是如果這個從時間裡生成、也在時間裡消逝的宇宙的觀念完全不是那麼一回事，那該怎麼辦？如果曾經發生的事件會一直是真實的，如果任何事物都不會消逝，如果就連未來在變成現實之前也是真實的，如果所有事件都只是某個持存者的表象而已，換言之，如果時間只是個幻覺而已，那該怎麼辦？愛因斯坦在晚年顯然有了這個念頭，他在一個朋友的喪禮當中對他的家屬說：「對於我們這些有信仰的物理學家而言，過去、現在和未來的區分，只是意味著一個頑固的幻覺的存在。」[3]

愛因斯坦在那個場合裡顯然把關於時間的幻覺性格的觀念轉向信仰的問題。可是早在「狹義相對論」（1905）和「廣義相對論」（1915）裡，他就以嚴格的物理和數學方法揭露了日常時間經驗的幻覺面向。此外，愛因斯坦的洞見也是自牛頓以後對於時間和空間的物理學理解最重要的轉折。他的相關數學公式也早就影響到人們的日常生活。

我們可以把愛因斯坦和萊布尼茲（Leibniz）做比較，他比愛因斯坦早了兩個世紀，針對牛頓的絕對時間，提出了關於時間和空間的關係主義（relationistisch）概念。我們回想一下：對於牛頓而言，時間和空間是獨立而初始的實在界，它們使得萬事萬物各居其所。它們的尺度是絕對的，容納了所有現實事物。牛頓也提到「相對的」時間，他的意思是，地球上的計時裝置永遠都沒辦法精確測量絕對而不斷流逝的時間。他當然也知道不會有一座絕對的時鐘。可是他認為以他所謂的絕對時間為參考點出發，在思考和計算都有其必要性。

萊布尼斯則另闢蹊徑。他假定只有在兩個物體之間的關係中才會形成空間。空間只不過是兩個物體的毗鄰關係，不管它們的距離再怎麼遠。因此，在這個背景下，萊布尼茲完全可以想像一個不斷擴大的宇宙。而時間的問題也很類似：時間並沒有一個絕對的、預設的數值；就像空間是由物體相互的毗鄰關係形成的，時間也是由事件的前後相續以及不同的長度比例形成的。萊布尼茲認為：沒有物體，就沒有空間；沒有事件，就沒有時間。對於萊布尼茲而言，時間並不是某種均勻的空間，讓事件置於其中，並且提供所有事件一個尺度；相反的，我們只能個別地測量不同的事件，而且沒有什麼絕對的尺度。就時鐘來說，這意味著它其實只不過是藉由比較規律的事件（鐘擺、時針、原子起伏）去「測量」比較不規律的事件。世界上不會有絕對的時鐘，因為即使是牛頓所依據的天體也證明了具有不規律性，而萊布尼茲一再提醒我們這點。他認為萬物遷流不息，從極微的單子（Monade）到巨星，所有事物都以空間的毗鄰以及時間的前後相續的方式維持著各種不同的關係。於是，它可以說是相對論式的時間觀的前身。萊布尼茲不認為時間有絕對的長度，因而著眼於事件不同的持續長度的相互關係。時間就在這裡粉墨登場。簡言之，萊布尼茲拒絕把時間從事件抽離出來，而把時間定義成事件的一個屬性，因而很接近和相對論裡所謂的「原時」（Eigenzeit）*。

根據狹義相對論，每個物體在相較於相對運動的物體之下都有自己的原時。這並不是說，每個物體對於時間流逝的感受都不同，有時候它倏忽即逝，有時候又很漫長；這只是對於時間感受的情緒主觀性，並不能由時鐘測量出來。相反的，兩個各自在運動當中的物體之間的時間差，也就是狹義相對論的主題，它卻是可以量度的。我們做個思想實驗，如果觀察者A看得到坐在朝著他疾駛而過的火車上的乘客B的手表，那麼他會發覺到那個人的手表其實比他自己的手表慢。而乘客B也會老得比較慢（當然他自己不會發覺），他的頭髮和指甲也會長得比較慢，心跳也比較慢。

——譯註——

*原時是在相對於時鐘為靜止的座標系所量到的時距。

當然，乘客B那裡的時間變慢，只有從觀察者A的視角才察覺得到。對於坐在火車裡的乘客B而言，則什麼也沒改變：對他來說，手表沒有變慢，他的頭髮和指甲也沒有長得比較慢，他的心跳也沒有比較慢。對於在運動中的系統裡的物體而言，什麼都沒有變；只有從另一個運動中的系統裡去觀察，才能確定某個改變。的確，如果乘客B繞了地球一圈而再次駛近觀察者A，由於他是朝著A位移，比起始終和A在一起不動，他會年輕一點點。也就是說，相對於自己的觀察點而言在運動當中的物體，它的時間會變慢。有個著名的實驗證明，相對於靜止不動的物體，運動中的物體的時間流逝得比較慢：把原子鐘擺在飛機裡繞著地球飛行一圈，當它抵達終點時，相對於在起點保持不動的原子鐘，它正好慢了59×10^{-9}秒。

所以說，對於所有人而言，並沒有一個標準時。當一個人相對於另一個人運動的速度越快，他的時間流逝就越慢，那當然是從另一個人的視角去看的。因此問題總是在於時間和自己的運動以及另一個物體的運動之間的關係。因此，相對論其實也可以稱為時間的相對論。因為，不同於老生常談的說法，在相對論裡，並不是一切都是相對的。對於愛因斯坦而言，時間或空間都不是絕對的，然而光速卻是絕對的。這不是愛因斯坦發現的，但是他解決了相關的問題。人們發現光始終以相同的速度前進，不管他是靜止地或是在和光線平行的運動當中量度它。人們以為，如果人沿著光線運動，他所測得的速度要減掉自身的速度，也就是300,000 km/sec–x。然而不管自身的速度多麼快，它仍然是原來完整的光速。愛因斯坦突發奇想的觀念在於：如果說不管我跑得多快，測量到的光速始終相同，那麼所測得的秒也會因為我運動的速度和方向而有所不同。如果我朝著光的方向前進，一秒鐘的時間就會延長，因此在這一秒鐘裡，光速仍舊是300,000 km/sec。如果我前進的方向和光線相反，效果也會反過來，而在一秒鐘的時間縮水的情況下，測得的光速仍然是300,000 km/sec。光速是絕對的，而因自身運動而異的一秒鐘的時間則是變項。因此，光始終維持相同的速度。一秒鐘的時間會隨著速度而延長。如果我以光速前進，那麼這個一秒鐘的時間就會延長到時間根本不會流逝。只有其他人才會看到我以

每個物體會依據它在空間中的位置以及運動（相對於其他運動），在「時空」裡決定它的「原時」。在宇宙裡的每個點，依據各自的運動以及和質量大的物體的距離，相較於在其他的點，時間會走得或快或慢。因此，所謂的絕對時間就完全瓦解了。再也沒有用以測量所有事件的絕對尺度，而只有各自不同的時間可以互相比較，也就是各自不同的時間長度。在不同的地方，一秒鐘的長度不盡相同。當然，我們在日常語言裡還是不自覺地使用牛頓的絕對時間，因為根據愛因斯坦的理論計算出來的時間差距實在太小了。然而在諸如導航裝置之類的科技系統裡，甚至是電子通訊，人們還是必須把它納入計算，因為我們生活在一個必須考慮到狹義相對論和廣義相對論才能正常運作的科技世界裡。

如果每個在空間運動的物體相較於其他運動的物體而言都有個「原時」，那們一般所謂的「同時性」（Gleichzeitigkeit）也會改變。我們在所謂「即時」（Echtzeit）的遠距通訊方面的確沒什麼問題。我們彼此同步，而且彷彿這個語詞已經不足以表示新增的種種可能性，而悄悄發明了一個新的語詞「同步」（zeitgleich）。我們共有同一個時刻，而且我們都知道這點。但是那真的是同一個時刻嗎？一個簡單的物理原理就可以證明這個同時性是有問題的。無線電訊號必須花一段時間才能到達。相隔遙遠的兩地各自的當下會有若干「時間推遲」。溝通並不限於說話，也包括著光的訊號交換，我們也會以我們現在看到的星星溝通。有時候它們的光已經跑了幾百萬年。直到當光到達的時候，我們才和它發出的那個片刻「同時」。也就是說，我們和這個物體的過去同時，而不是它的現在。當我們仰望星空，凝視著深邃的過去，我們現在看到的星星，有些早已不再存在，當它們在彼處隕歿的時候，我們要到幾百萬年後才看得見，那個事件也才對我們來說是「同時的」。

對於同時性的推遲，這是個相當明顯而更容易理解的例子，因為我們只要把光速計算進來，就會明白它對於同時性而言是個絕對值。在這個前提下，「同時性」這個術語意味著光訊號從發射到抵達的時間，可是其間的距離有可能極為遙遠，以致於在這種同時性的情況裡，訊號的接收者嚴格說來並不是和訊號的發出者的現在聯繫，而是和它的過去。到達這裡的訊號，在那裡早就成為過去，反之，在我們這裡早已過去的事件，在那裡則是正在發生的當下。這的確很難想像，但是如果我們思考一下布萊恩．格林（Brian Greene）*的比喻，那會更加令人舌撟不下。

觀察者 A 和 B 分別列出兩張同時性事件的清單。這兩張清單理論上應該是完全相符的，因為那是同一個「當下」的時間點的事件，如果我們撇開光速造成的差異不說的話：我們大抵上可以劃一條從 A 到 B 的「當下」直線。可是根據狹義相對論，唯有 A 和 B 不在相對的運動當中，它才有意義。如果他們處於相對運動中，那麼他們各自的當下事件的清單就會截然不同，而由於兩者的時間流逝也不同，他們的「當下」也各自不同，因此會從不同的時間點得出不同的「同時性」事件。根據狹義相對論，處於相對運動中的兩個觀察者，對於「同時」的那個時間點的認知也有所不

——譯註——

* 布萊恩．格林（Brian Greene, 1963-），美國物理學家、數學家、超弦理論家。

同。因此，就A和B而言，他們看到的「同時」的事件並不相同。在日常生活裡，我們可以忽略這點，因為不同的「當下」時間點的差異微乎其微。可是如果他們相隔雲漢，那麼這個差異就成了決定性的關鍵，那意味著：如果遠方的B和A不是處於相對運動中，那麼兩者就會有相同的當下，因而有相同的「同時性」。可是如果B和A處於相對運動中，那麼依據其運動方向，B的當下就會相當於A的過去或未來的當下。

把時空當作長條麵包，或許可以更清楚說明這個難以想像的過程。如果A和B不是處於相對運動中，那麼麵包就會被直切。在這片同時性的時間麵包上面會是相同的事件。可是如果A和B相距一光年而且處於相對運動中，那麼麵包就會是以某個角度斜切的，在這片時間麵包上，從A看去正在發生的事件，在B那裡則會屬於過去。更詭異的是，如果A正在遠離B當中，那麼那片同時性的時間麵包也會以反方向的角度斜切，從B的角度看，則會是未來的事件。

二十世紀初期，愛因斯坦在伯恩專利局工作，負責整個邦聯地區火車站時鐘同步化的事務，從那個時候開始，他就試圖解答同時性的問題。可是這個同時性問題的關鍵在哪裡呢？在於它和我們在日常生活裡所想像的完全不同。在前後相續的歷時性（diachron）方面，時間的問題比較少，但是在我們前面看到的共時性（synchron）方面，情況就複雜得多。在空間距離遙遠的兩個點不會是同時的，不只是因為訊號傳送的時間總是會推遲，更因為相隔遙遠的兩地所經驗到的當下時間點不會完全同步，或者是因為相對的運動，或者是因為接近質量大的物體。或許同時性這個問題正好可以說明時間不是同質性的介質。愛因斯坦認為，在兩個距離遙遠的點上不會直接經驗到同步性，那或許只有一個同時看到萬事萬物的超級觀察員才做得到。或許人們就是為此才發明一個神，因為他們老是隱約感覺到這個棘手的問題：從遍尋不著的同時性，正好可以證明神的存在。我們可以這麼說：（一）同時性是存在著的，（二）可是我沒辦法直接經驗到它，所以，（三）必定有個神存在，因為只有祂才經驗得到同時性。無論如何，對我們而言，每個人都被困在他的原時的繭裡。它包覆著他，嚴格說來，他的原時也不會和任何人相同，除非那個人在同一個時刻、朝著相同的方向、以相同的速度、經過質量相同的物體。所以說，每個人都是以時間單子的形式到處流浪的遊牧民族。

雖然愛因斯坦廢除了同質性的時間，卻也興奮地提出一個簡潔的、再也不需要各種累贅的時間模態的真實性概念。

當然，過去、現在和未來看起來都是很頑固的既有事實，但是正如在這三個向度裡的真實性有可能受挫，到頭來只剩下當下的時間點，也就是眼前的現在，才有所謂的現實性，所以我們也可以反過來想：世上的萬事萬物，現在是真實的、以前是真實的、未來也是真實的。以前的事物現在還是真實的，即使沒有人記得它，而未來的事物也是真實的，即使現在它還不算是真實的。所以說，過去、現在和未來的涇渭分明，或許只是對應到表象的認知，而沒有對應到真正的、深層的真實性，它其實一直自身完足。當愛因斯坦說「過去、現在和未來的區分」只是「一個頑固的幻覺」，他或許就是這個意思。

如果說這句話不只是在表達個人的信仰，那麼它會意味著，空間和時間的絕對尺度轉換成時空的相對性框架，對他來說，只是探索一個超越時間和空間的真實性的第一步。可是他認為那不是什麼超自然的真實性，我們只能相信而別無他法，相反的，它一直是同一個真實性，我們相信我們認識它，也在它裡頭生活和死亡；可是對他而言，重點在於對它有不同的理解，以另一個更豐富而靈活的概念去描繪它，而不是以傳統的時空概念。

我們從愛因斯坦那裡注意到，宇宙相對於人的不可測量性，其實不是什麼大不了的事，也不必為此感到惶恐，我們反而應該以虔誠的心情，「心醉神馳地驚豔於自然律的和諧」[5]。他說當他理解到即使在芥子裡也看得到那在「整個大自然」裡處處開顯的「理性」的作用，他就感到心滿意足了。

然而唯有那盛行好幾個世紀的人類意識和自然的二元論不再支配著我們，這種觀點才有可能存在，愛因斯坦也才能夠無憂無慮地凝望宇宙。

康德以「崇高」的概念去理解這其中的意義，也試圖自出機杼地把對於大自然的恐懼以及對於人類在宇宙中的獨特地位的驕傲連結起來。我們可以在《實踐理性批判》（*Kritik der praktischen Vernunft*）著名的結語裡看到他那膾炙人口的說法：「仰瞻天上的炳朗日星，俯撫心中的道德法則；我們對此二者愈是靜省深思，愈是新增驚嘆與敬畏之感。……乍見無數層層宇宙，令我感到自身的微不足道，原來我只是個動物而已，終究得把構成我的物質歸還給那賜予我生命力、讓我暫住（而人也不知道何以如此）的星球（它只是宇宙中的芥子）。當我再次凝望，身為智慧生命的我，卻透過我的人格無限地擢升我的價值，在我的人格中，道德法則對我開顯了獨立於動物性甚至是整個感官世界的生命。」[6]

康德不像愛因斯坦那樣完全從大自然和宇宙去理解自己。在他的哲學裡，人依然是世界的異鄉人，但是在仰望星空時，卻給自己與世界和解的機會。對於宇宙、對於必然性的無垠國度的敬畏，以及對於自身、對於自己的自由和倫理的敬畏。此外還包括驚人的知識能力，這難道不是繞過人與自然去認識自己以及大自然在時空中的廣袤無垠嗎？

我們再想像一下那條時空長條麵包，它到處都是真實的，不管人怎麼切它，也不管它是現在、過去或未來，那都只是關乎同一個超越時間的真實性的時間模態而已。我們換一個唱盤播放歌曲的畫面（這裡的觀念只能用各種畫面去想像）。唱盤猶如全體實在界，唱針就是時間，在時間裡，或者是透過時間，原本自身完足而無時間性的實在界散落在時間的前後相續裡而被聽見。這使我們想起奧古斯丁的歌曲比喻。它就像是捲起來儲存在記憶裡，在演唱時依照時序逐一攤開呈現。在記憶裡，它是無時間性的，直到演唱時，它才過渡到時間裡。但是或許那會美妙得難以置信吧。

第八章——屬己時間

身體及身體節奏的屬己時間。屬己時間的保護是個政治議題。在屬己時間的迷宮裡。真實性消失到哪裡去。屬己時間粉碎了「同一律」。每個人都是最後的證人。「那朵雲只出現了幾分鐘」。鳥類學的上帝存在證明。沙特的存在與虛無。再論時間經驗的現象學。為什麼我們總是遲到。突如其來的事物。

我們從太空時間回到自己身體的時間。

身體也有個時鐘在滴答響。在鼻根後面有兩兩成對的微小神經節，它們如同節拍器一般把身體的活動同步化。這個中樞——所謂的視叉上核（suprachiasmatic nucleus）——會發出電訊號，大約是以二十四小時為週期，為呼吸、心跳、睡眠和清醒的時相、攝食和消化設定一個活動範圍。這個操控裝置也會配合自然的晝夜時間知覺，可是時日一久，它也可以獨立於晝夜節奏而運作正常。由於這個內在的晝夜生物節奏和外在的晝夜只是大致相符，如果有一段時間沒有同步化，它就會產生推遲：長時間處於黑暗中，生物的晝夜和外在世界的晝夜再也沒辦法完全一致，到頭來，這種人為的黑暗時相就會變成名副其實的時差。

即使是在不自然的條件下，身體也會遵循它的生物晝夜的屬己時間，它的基本時間節奏則維持不變，而和意識獨立的身體功能反正也不會中斷。可是對於意識而言，它的時間感很容易流失，到頭來搞得精神錯亂。和身體的屬己時間的鍵合，對於時間經驗的意識而言還不夠，它總得在身體之外的世界裡有著支點。意識既是在身體裡，也是在世界裡，因此意識既是身體性的也是世界性的。

體內計時器的調節當然大多是在不知不覺中進行的，也不受意志的影響，它適用於新陳代謝過程的週期振盪，身體化學物質的調控，甚至是體內器官的活動模式，例如心臟和胃，它們對時間特別敏感，當人突然感到一陣胃痛或是心悸，就知道怎麼回事了。

我們只有在身體出事的時候，才會注意到內在規律如何支配我們的身體，如果我們的生活違反內在的節拍器，而只是遵循著外在的、社會的、抽象的時間的話。我們都知道，工時太長會損害健康，導致睡眠障礙、憂鬱症、心血管疾病。哪個人的生活硬是要和身體的屬己時間唱反調，他肯定沒有幾年可以活。

一方面，時間知覺會配合我們的身體，另一方面，身體自己也是個有時間結構的有機體，而且不是指從生到死的線性時間，身體的所有階段都有自己的節奏和頻率，從千分之一秒的神經振盪，到各個生命階段的時間分期。許多人生智慧的教訓就告訴我們：人生每個部分的規畫最好和身體的節奏一致。在這個脈絡下，生活的藝術其實就是在自己的生活裡能夠察覺到什麼時候最好做什麼事。重點在於人的各種活動要和無意識的身體現象一致。

有意識的活動要和身體的屬己時間一致，並不是一直那麼容易的事，此外，每個人的身體內部都有各自不同的生物晝夜。某個人的生物時鐘比另一個人早一點，可是兩個人因為團體的任務而都必須早起，前者睡眠充足，而後者則覺得很疲倦，到了晚上，當後者還是很清醒的時候，前者已經呼呼大睡了。早鳥和夜貓子幾乎是兩個不同文化的人，他們不會有太多話好說，可能也沒辦法共事很久。可是如果他們彼此協調好，雖然各自的屬己時間不同，還是一起合作，那麼他們的公共時間也可以當作妥協的時間。但是在時間方面的宰制往往很專橫霸道。例如說，人們早已證明了，上學時間太早，對學童不僅是個苛求，學習效果也不好。可是相關的時間規定卻是不動如山。關於時間的象徵性宰制，還有另一個明顯的例子，一九四〇年，德國人佔領荷蘭，他們不只是軍事佔領而已，更強迫荷蘭人接受德國一個鐘頭又四十分鐘的時差。所謂的夏令時間也是很常見的時間宰制，每年兩次以政治干預個人的同步化過程。

所謂的屬己時間，是指自己的身體的時間經驗，它對於社會的標準化（其實就是時鐘的時間）越來越沒有抵抗力。當然，過去幾十年來，德國人的職場生活顯然變得更有彈性。依據自己內在的節奏的自由選擇空間越來越大，可是人們是否善用選擇空間，則不無疑問：對於自己的屬己時間，人們往往還是不夠堅持。呂貝（Hermann Lübbe）*曾經很中肯地說，對於已開發國家的人們而言，他們有一種時間會越來越多，那就是「如果不自己作決定，就什麼事也不會發生」的時間。[1]也就是說，可以當作屬己時間加以利用的時間越來越多。可是他會把時間都花在電視機前面或

——譯註——

* 呂貝（Hermann Lübbe, 1926- ），德國哲學家，主要學說在於批評現代文明以及自由主義民主。

是網路上，而被那裡頭的時間節拍器控制住。就屬己時間而言，他的時間反而更少。

當然，理性利用時間是有方法的，也不乏關於個人量身訂做的「時間衛生」的建議，教人怎麼抓出偷時間的賊，如何設定優先順序，學習怎麼說「不」；如何把複雜的事情拆解成個別的步驟，避免同時處理若干事情，因為那往往反而事倍功半，只會治絲益棼，壓力也會更大；如何把類似的事情集中處理，為一天的工作設定一個基準點及休息點；如何利用各種規定和慣例，讓自己更悠遊自在。人可以練習放慢腳步，在整個加速的環境裡，其實有各種機會掌握自己的時間主權，遵循人的屬己時間。

可是這當然還不夠。

正如我們在探討管理的時間和加速的時間時說過的，其實我們需要的，不多不少就是一個新的時間政策，一場社會的時間管理的革命，它涉及屬己時間的保護及發展機會，不管是在心理、文化或經濟上。因為時間管理會造成種種問題，而那些問題都和對於屬己時間的漠視有關。我們回想一下因為生產、消費和交通的加速而造成的環境破壞；因為媒體的狂轟濫炸而造成的痲痺現象；不斷加速的工業世界和貧窮的未開發世界非自願的步調緩慢之間的衝突對立；以及層出不窮的時間病症，當人興奮過度、被掏空或油盡燈枯，就會引發憂鬱症或歇斯底里症。

儘管個人應該有什麼樣的時間政策，尤其是該如何執行，一直是眾說紛紛，不過我們終究得把時間以及對於各自的屬己時間的考量視為政策的對象，而這或許是有史以來頭一遭。

當然，在以前，時間就已經是政策辯論的議題，例如爭取「八小時工作制」的勞工運動。不過現在「時間和屬己時間」的因素則以新的面貌被政治化，人們因為種種有害的副作用而要求生產、交通和消費放慢腳步，或者是關於公共時間（職場和學校）和個人生活節奏的同步化問題，以及關於永續性的問題。一般而言，永續性的概念是人們對於生活歷程的屬己時間越來越重視的結果。這個概念很簡單，就是讓時間有機會休養生息，不管是對於大自然或是人類。

格羅茨（Peter Glotz）*在幾年前就預測說，未來西方工業國家的文化戰爭的戰場會是在數位資本主義的不斷加速以及人們對於放慢腳步的要求之間拉鋸。[2]我們不必是個先知，就知道加快腳步的人擁有優勢。他們有科技動態以及經濟生活的基本原則以為奧援，「經濟人」（homo oeconomicus）和「科技人」（homo technicus）始終佔上風。科技仍然是整體生活節奏的節拍器。另一方面，如果未來的幾十億人口繼續他們在當地習慣的生活型態，那會威脅到所有人的生存基礎，也會摧毀世界歷史表演的舞台。想要在時間短缺卻又不斷加速的現代社會裡盡可能巧取豪奪的人，長遠地看則會適得其反，因為我們唯有在處理因為不斷加速而產生的棘手問題時，時間才會真的不夠。人們意圖征服時間，到頭來卻還是完全受到時間的宰制。

無論如何，重點在於如何以另一種方式開展且實踐時間的社會化和管理。時間和屬己時間必然會成為政治議題，令人惋惜的是，政治人物對此仍舊渾然不覺。不過人們也是花了很久的時間才發現自然也是個政治議題的。而時間這個重大議題要浮上檯面，成為迫在眉睫的政治議程，那還需要一段時間。那是關乎時間主權的利益以及各種屬己時間的捍衛。就個人而言，我們其實已經可以做些什麼，只要我們不再只是把問題推給客觀世界的種種壓迫。我們很清楚自己在為了什麼東西疲於奔命，是什麼事情偷走了我們的時間，我們把時間浪費在什麼東西上面，而我們原本應該把它用在什麼地方，如何更加善用它、享受它，什麼時候應該順其自然。我們可以藉此培養新的觀照方式。「泰然任之」（Gelassenheit）也是需要練習的東西。可是在個人之外，那就變成政治性的權力問題。那是必須不同的步調（經濟的步調以及民主決策程序的步調）相互妥協的政治性的權力問題，其結果應該是經濟服從於民主決策程序而反之不然。我們準備要為環境的破壞以及生活的負擔付出多少代價——只為了能夠更迅速地向前進——那是個政治權力問題。我們願意花多少時間在孩子身上——以及在

——譯註——

* 格羅茨（Peter Glotz, 1939-2005），德國社民黨政治家。

父母親身上——那是個政治性的權力問題。

當各自的屬己時間的保護成了政治議題，那麼我們就先得把屬己時間理解成依據自己的生活需要以及節奏擬定的時間規畫，而不是為了經濟的、公共的生活。在這個意義下的屬己時間，我們必須開發且保護它，也要和公共的、經濟的時間取得平衡。所以說，屬己時間還有個更深層的向度是我們一直沒有觸及的。或許人們喜歡待在公共的、經濟的時間的邊緣，因為人們一旦走進屬己時間的迷宮，可能看到令人心煩意亂而茫然若失的東西。

屬己時間可以說是（或者主要是）個人感受得到的內在時間，前提是我們要暫時脫離為了公共生活而規劃的時間，因而掉落到一種時間感的漩渦裡，原本密密遷移而等無間隙的世界，在那裡劃破鴻濛，出現了一個裂縫。在那個片刻裡，我們突破「現在」的光柱邊緣，湧身潛入陰影區，在那裡，我們會感受到那遠逝的時間，那些消翳無蹤的事物和人們。從消逝者的陰影區看出去，社會時間相對地穩定而可靠。在那裡充斥著「當代性」，也就是人們理所當然地和他人共有的時間，也藉此暫時把消逝者隔離在外頭。存在的維繫是團體的工作。如果人長時間離群索居，到頭來會懷疑他自己的實在性，覺得自己被時間吞噬了。每個人都必須依賴他人的幫助，才會覺得自己是真實的。社會的當代性可以幫助人們抵擋「壞滅的暴流」。當人每天在人群和事物之間穿梭，和他們相處，在這個相處的視域裡感受到自己；當人接觸到各種畫面和話語（尤其是媒體），把「過去」和「未來」都拉到團體的「現在」裡頭，那麼對於時間消逝的感覺也會變淡。真實性似乎也比較不會褪色。可是只要我們注意一下時間，就會注意到這個真實性其實不斷地從內部瓦解而消失，逐漸變得如外牆一般虛有其表。它固然依舊聳立著，後面卻是空空如也，而當「過去」從人們手裡滑落，他仍然會很奇怪地舉棋不定。

我收到一封信。它被撕破了。我還知道那是什麼時候發生的事。我還可以從記憶裡喚起當時的心情——激動、失望、忿怒——可是就算我以為現在還能感受到那些心情，可是我不能確定那是否真的是當時的狀態。我現在的回憶少了可以比對的原型。人們時常忘記一件難以置信的事：所有主觀狀態都消失了，而且再也沒辦法重溫那些感覺。

正因為如此，普魯斯特才會亟欲保存那個瞬間，因為他想要體驗往事的再現。隨著蘸著茶的瑪德蓮蛋糕的美味記憶，早已過去的童年時光突然歷歷如繪，它不是回憶裡的狀態，而是原本的情境。在一個熾熱的片刻，現在的我和過去的我熔化在一起。對於普魯斯特而言，那是「超越時間性」（Überzeitlichkeit）柏拉圖式的救恩瞬間。我們稍後還會談到這點（「和時間的遊戲」）。這種幾乎是神祕的例外狀態的重現片刻證實了一個規則，也就是說，在時間裡任何事物都不會重新來過，即使往事重現，我們也無法辨識那是不是原來的它：因為我們沒有基準點，沒有過去的原型，所以我們也無從辨識那重現的事物。用形式邏輯的話來說：同一律「A＝A」並不適用於時間軸上的心靈事件。過去的A是否等於現在的A，基本上是無從判斷的。或許有許多證據留存下來，當時的照片、其他信件，朋友們的回憶，或許就連家具擺設也都依然如故，那些消失的往事，當時的狀態，如幽靈一般盤旋在種種見證、遺跡和廢墟裡。於是，從每個實在而真切的現在，汩汩流出主觀的內容，也就是從以前到現在一直在為外在事物提供形式和線索的內心狀態。在這個當下，「現在」裝得滿滿的，到了下一個片刻，它就已經被掏空了，只剩下斷垣殘壁，而人們也往往司空見慣，因為不斷會有新的「現在」把空隙填滿。

如果說隨著時間的消逝，內心的事物也從現實世界裡流失，那麼現實世界能有多真實呢？在物理世界裡，事物一直持存著，因為人們可能會以為時間只是個幻覺。在心理的實在界裡卻是「壞滅的暴流」在支配一切，它也支配著物理學家，雖然不盡然影響到物理學本身。外在事物也會有變易，但是內心的事物則猶有甚者。因為它們並不佔據可以讓它們持存的場所。它們轉瞬即逝，並沒有實體性，而只能保存在語言或最新科技的媒介和記錄裡。那是外在記號，指涉著總是已經消失了的內在事物。對於這個轉瞬即逝的內心事物，我們可以說：「這是個沒有人想得到的東西，它太恐怖了，人們甚至來不及抱怨說：一切都偷偷溜走了。」[3]

布雷希特（Bertolt Brecht）*曾經在他著名的詩作〈憶馬利亞・A〉（Erinnerung an die Marie A.）裡提到真實性如何戲劇化地從現實世界裡流失。他回想起某個兩情繾綣的場景，在「九月的藍月下」，在一棵李樹下，懷裡擁抱著一個少女，夏日的天空被浮雲遮蔽了一會兒，「它很白，在遙遠的天際，我抬頭仰望，卻再也看不見它了。」[4]一切都早已過去了，當時的愛也消失無蹤，他眼前再也看不到她的倩影，只看到當時的「浮雲」，更確切地說：他看到它如何消失。能夠看到消逝者如何消逝，這或許是人惡名昭彰的特徵。這首談到真實性從現實世界裡流失的詩，是一首關於時間的詩，也是我讀過最美的一首詩。

因為事物和人不停地消失，有太多的事物，人是它們唯一的見證者。「然而那朵雲只出現了幾分鐘，當我抬頭仰望，它已經隨風而逝。」還有誰看過它呢？如果沒有，那麼它就永遠消失了，彷彿它從來不曾存在過。例如說，人看到樹上一片有斑點的葉子落下，在秋風中款款搖擺，映著斜陽，緩緩翻飛落到地面。那是屢屢出現的畫面，但是一旦人們仔細觀察它，這個事件就會嵌在記憶裡佇留一陣子。這個獨一無二的事件為了在現實世界裡找到一個位置，必須有若干證人。如果它不曾保存在任何記憶裡，那麼它就會像是從來沒有發生過一樣。如果證人消失了，現實世界就會陷落到「從來沒有存在過」的國度裡。詩有時候可以藉由替代性的回憶阻止真實性的流失：「葉子落下，宛如從遠方落下……以拒絕的表情落下。」（里爾克語）[5]

對於終究會消失的事物、人、感受而言，每個人都是最後的證人。因為到頭來在現實世界裡什麼都抓不住。一個沒有人記得的過去是不存在的，就算它有其他證據，例如被撕掉的信。真實性就這麼從現實世界裡流失掉。可是我們也不能說它變成一片廢墟，因為那意味著在以前的真實性銷聲匿跡之後，會產生新的真實性。

可是人們會藉著時間抗拒真實性的流失。波赫士（Jorge Luis

——譯註——

＊布雷希特（Eugen Berthold Friedrich Brecht, 1898-1956），德國劇作家、詩人。

Borges）[*]曾經半帶諷刺地想出一種鳥類學的上帝存在證明：我做了個夢醒來。我夢見一群鳥。我沒有細數牠們。沒有其他人知道我的夢。可是總會有個數目。所以，神必定存在，只有祂才知道有多少隻鳥在我的夢裡飛過。

這個論證是依據以下的思考：凡存在者必定是被意識到的。否則它就會像是從來不曾存在過。可是如果人們想像一個涵攝所有存有者的意識，任何事件都不會滑落到「非有」當中，那麼這個把所有存有者擁在懷裡、因而也必然存在的意識，它的名字就會是「神」。

所以說，對於事物的煙消雲散以及真實性的剝落，屬己時間是個最高的主觀視角，而且唯有從時間經驗出發，人們才會想到要從時間手裡把存有救出來。

在客體的世界裡，我們可以說：有就是有，沒有就是沒有。只有在人的內在舞台上，以及他對於事物的消失的悵然感受，由「存在」和「不再存在」構成的神祕的陰影區才會開啟。人是在世界裡裂開的縫隙。一切都會變易消散，可是只有人才會感受到這個變易，虛無也因此粉墨登場，它只存在於意識裡，而不在外在世界裡。

沙特（Jean-Paul Sartre）也在他的主要哲學作品《存在與虛無》裡敷演這個思考。

如果有人現在為了他過去的不忠行為感到羞愧，那麼他是為了一個現在再也不存在的「我」感到羞愧。他已經是另一個我，雖然並不完全不同。他覺得自己和那個過去的我還是關係緊密，才會對於他的不忠行為感到羞愧，不只是面對當時「處境」的證人，甚至不是在大眾前面，而是在反躬自省的內心舞台上。他看到很久以前的自己，那個行為不忠的人，而由於他感到羞愧，他其實就承繼了過去的我，雖然不算是概括承受。在現在的我以及過去的我之間，時間的虛無化就起了作用。當時的我固然也是我，而我也和他有內在的關聯，可是我卻也會從外部觀看他。這個在內心裡的

——譯註——

* 波赫士（Jorge Luis Borges, 1899-1986），阿根廷作家、詩人。

「外部」，沙特借用黑格爾的術語，把它叫作我的「過去的我」的「在己之有」。[6]那意味著它變成一種客體性而再也沒辦法挽回。我當時的不忠，現在是個無法改變的事實。人們固然可以試著彌補它。可是那只能針對其後果，而不是事實本身。至於無法改變的事實，我只能乞求寬恕而不能改變它。行為既脫離了我（它是個在己之有），而我卻又是那個行為本身。

相對的，現在的我則始終是個為己之有。他一直在行動，從來都沒有一個自我作為他的對象；每個當下的自我認知也總是個自我改變、自我型塑。對於當下的我而言，並沒有一個不變動的、可以從各個角度觀看的我。當下的我始終同時是他自身的結果。

如果我現在正想要出軌，卻在這個瞬間注意到我的意圖，那會發生什麼事？我可能會放棄出軌，因而意識到我的為己之有。我感覺到我的出軌不像自然災害那樣無法改變。我可以改變什麼，而且就是現在，因為我正想要出軌。反之，如果我沒有放棄出軌，雖然我同時也注意到我的意圖，那麼我就把自己的行為變成了自然事件。我對自己說我出軌了，可是我不得不那麼做。為己之有躲在在己之有身後，那是逃避責任的為己之有最好的藏身之處。自我的這種自我欺騙，推託說他的行為是個沒辦法改變的事實，沙特稱之為偽善。[7]

這個「偽善」和內在時間經驗有關。在偽善當中，我把自己當作時間裡的某個客觀事件，我的偽善使我看不到自己的主動決定在行為（不同於不能改變的事實）的前際和後際之間遊移。因此，後際並不只是前際在時間上的繼起者，它更是我自己的產物。而這正是偽善的人不肯意識到的。人把自己的過錯都推給時間。而人之所以可以藉著時間推諉卸責，也正是因為以前就是時間使人和他自己分開，「和以前的我、我想要成為的我、那些我想要做的事、所有事物和他人分開」。[8]

在屬己時間裡，這些拆解不斷地在發生。每天早上醒來，人或許會訝異自己居然和前一天的我接得上，而且那個我也沒有完全消失。時間負載著，可是人們不能信賴它，它也帶走了人們想要緊抓著不放的東西，讓人們不得不離開他很想待著的地方。時間的拆解力量不只是針對過去和現在，它也會延伸到未來。它會把現在的我和未來的我隔開，使得今天的我根本沒辦法保證說明天要做什麼。我們舉一個無傷大雅的例子：有個人想要在談判當中大展身手，可是他不知道是否會成功。可是人們往往會在關鍵時刻擺自己一道。他信不過自己。就像雅斯培（Karl Jaspers）[*]所說的，我總是「拋下我自己不管」。[9]自我不是什麼可以抵擋得住時間的實體。然而那其實是有得有失的事：人們會訝異自己居然有辦法完成就連自己都不相信做得到的事。在特別棘手的情況下，信心也會有「自我實現的預言」[★]的作用；它會使人啟動那個能夠克服危機的自我。人們所謂的「自信」其實是個錯綜複雜的程序。「自信」不只是信任當下的自我，它更信任一個剛才被喚醒的自我，而這個自我其實是被信任喚醒的。被喚醒的自我得到了信任，接著往往真的會證明它是值得信任的，甚至讓人驚豔，或許以前心存期待，但是不敢有什麼指望。

「自我」的時間，屬己時間，其實充滿變化和斷裂，不管那是好是壞。可是有一點是不變的，那就是人不會始終等於他自己。無論如何，人的連續性終究會被時間的切割力量掏空。

人們以為，時間固然會分割為前際和後際，但是在同一個時刻裡，各自的屬己時間卻是相連的。但是物理上的同時性問題，以及經過很長的歷史才形成的時間的社會化的問題，早已經說明了這個情況沒有那麼明確。

而我們也都知道，乍看來同時間的事物，其實不是同時性的。就純粹物理而言，我們知道就算是光脈衝也必須一段時間才能克服距離。因此，我們現在觀看星空，看到的始終是過去的星空。可是嚴格說來，我們觀看近距離的事物，也不完全是同時的。因為再短的距離，光脈衝也都需要時間去克服，雖然幾乎測量不出來。我們現在知覺到的一切，都會有些許推遲。

我們身體自己的神經束也會使得同時性產生推遲。脈衝必須從周邊神

——譯註——

* 雅斯培（Karl Jaspers, 1883-1969），德國哲學家、精神病學家，基督教存在主義哲學家。

★「自我實現的預言」是美國社會學家默頓（Robert K. Merton）提出的理論，指先入為主的判斷會影響人的行為，而使得該判斷最後成真。

經系統傳導到中樞神經系統，這也需要一點時間。十九世紀中葉，赫姆霍茲（Hermann von Helmholtz）*史無前例地測量到神經束裡的脈衝速度，以實證推翻了當時的生理學原理，後者認為感官刺激會在轉瞬間影響到意識的感受，可是他起初沒有得到任何人的支持，直到柏林學院的洪堡德（Alexander von Humboldt）★對他的發現大表讚賞：「這個發現引起的錯愕說明了它有多麼稀奇。」[10]

這類的推遲使人大惑不解，因為它牴觸了人們對於「現前」（Präsenz）的直覺想法，以為知覺的當下也就是知覺的對象的當下。由身體器官決定的推遲干擾了我們的直覺。我們不願意承認說我們有一條很長的管路，那就是神經束。

我們為什麼要探討推遲的問題？因為它屬於屬己時間。這是由自己的身體器官決定的推遲，是身體的屬己時間。然而在這個脈絡下，重點在於意識過程當中屬己時間的推遲，它不是像腦波那樣可以從外部測量到，而必須以現象學的方式從內部去體驗它，透過內省而不是腦電波成像的程序。

現象學家索瑪（Manfred Sommer）接續胡賽爾的工作，發現了意識作用中的推遲。[11] 周邊系統的感覺和印象（雖然經過很長的管路而有些推遲）浮現在意識裡，而人們習慣認為它就在那裡了。可是它們其實不完全存在，還沒有所謂的「現前」。也就是說，意識並沒有因為直接印象或即原印象（Urimpression）（胡賽爾語）[12] 而被點亮，它會因為這個原印象留下的痕跡而有一點推遲。正如我們無法直視太陽，這個原印象也沒辦法喚起意識。意識不是在石頭落水的瞬間就開始作用的，而是直到它泛起漣漪。為什麼有這樣的推遲呢？

為了方便理解，我必須概述現象學的意識研究的一個基本發現，也就是說，意識始終處於一種意向性（intentional）的基本緊張狀態。意識不

——譯註——

* 赫姆霍茲（Hermann von Helmholtz, 1821-1894），德國物理學家、生理學家。

★ 洪堡德（Alexander von Humboldt, 1769-1859），德國自然科學家、地理學家、生物學家、地質學家。

是像照相機那樣被動地拍攝投射進來的影像。以意向性的角度來說，有意識的知覺是由意欲、期待和渴望等等定調的，以充滿生命力的緊張狀態指向對象。這種自然的知覺從來都不是客觀的。客觀性是一種人為的、和自然傾向背道而馳的態度，因此只有不具備人性的裝置才會採取這種態度。

生活中有意識的知覺行為不會是點狀的，而是經過一段時間的。在個體裡的知覺可以劃分為「預想」（Protention），也就是被知覺的對象仍然在期待的視域裡；以及「存留」（Retention），被知覺的對象不久就飛掠到記憶裡。這裡不是指對於久遠的事件的回憶，而是意識裡的印象的緊接著的回響。這個回響是任何浮現在意識裡的事物的前提。以一段曲調為例，唯有剛才聽到的聲音仍然在記憶裡回響，而接下來的聲音又響起，人們才聽得出它的旋律。只有藉由聲音在知覺的意識裡的「共現」（Kopräsenz），才能夠形成旋律。如果意識只接收到各自獨立的聲音印象，那麼就不會有旋律的知覺。

所以說，現象學研究的重點在於，直接印象，也就是原印象，其實應該是在「預想」和「存留」的交叉點上。可是我們能夠經驗到這個點嗎？不行。我們經驗到的它，始終是嵌在介於「預想」和「存留」的那段時間裡。意識也不會提供各自獨立的印象，相反的，它會在其時間性的「自行運動」*當中表現外在世界的時間序列。我們沒辦法想像任何所謂純粹的印象，也就是脫離意識作用脈絡的印象。原印象總是和意識作用糾纏不清而無法破繭而出。相對於原印象而言，意識作為「預想」來得太早，作為「存留」則又來得太晚。純粹的原印象是無法想像的，最多只能在事後推斷它的存在。對於原印象而言，意識總是來得太晚。德希達（Jacques Derrida）★以這個意識的推遲開展出他的延異（différance）哲學†，可是現在也又被世人遺忘了。

譯註

*「自行運動」（proper motion）原本是天文學名詞，指恆星橫向運動速度，也就是恆星由地球的觀點來看，除了視差之外，恆星在觀測位置上的變化。

★德希達（Jacques Derrida, 1930-2004），法國解構主義哲學家。

†「延異」（différance）是由於符號的意義無限擴散而造成意義的差異和延遲，使得語言的意義最終不可得，世界也不再存在著不變的意義。

就結構而言，原印象的不可捉摸正如康德的「物自身」（Ding an sich）：我們只是假設它存在，但是意識沒辦法把握到它。然而就像德國觀念論從無法認識的「物自身」如同魔術一般變出整個形上學系統，這個無法捉摸的原印象也流出心靈的蜜汁讓人吸吮。人們或許會把「原印象」理解成不斷從我們手中滑落的完全「現前」的那個熾熱瞬間。而這個完全的「現前」承諾了什麼呢？

人們錯過的事物往往顯得特別意義重大。同樣的，那個遍尋不著的原印象（它當然也和再平常不過的事物有關）也躋身到令人嚮往的神祕國度裡，彷彿是某種顯靈，或者是從來只聽過雷聲的人乍見閃電。而和閃電的完全同步性，顯然就是被雷擊中的那個剎那吧。

無論如何，屬己時間會導致推遲。我們錯過了什麼，我們什麼時候不再完全站在當下的高峰，我們永遠無法發現。那喚起我們的好奇。於是，關於意識不可避免的推遲以及原印象的不可捉摸的理論引起若干騷動（馬赫甚至比胡賽爾更早提出這個理論）*。例如說，馬赫的學生霍夫曼斯塔曾經陷入一個嚴重的危機，表現在其散文作品《韓鐸斯書信》（*Chandos-Brief*）裡。作品中虛構的作者★對於他在現實世界裡的關係感到絕望。他覺得任何時刻都沒辦法把握當下，他把它形容成「不可捉摸的東西」。如果原印象始終停留在知覺的盲點上，意識和現實世界的直接聯繫就會斷裂，原本俯拾皆是的每個當下也會懸在空中，使得經驗世界有淪為虛構之虞。

就關於意識的推遲的發現而言，這是一個相當戲劇化的反應。人們當然也可以順其自然。屬己時間的延遲作用或許也有其好處，意識可以不必面對猝不及防的困擾。也讓意識在事前有個反應時間，而不只是在事後。這或許也是時間的分割力量的結果：它會產生距離，用以保護自我，不必

——譯註——

* 馬赫（Ernst Mach, 1838-1916），奧地利物理學家和哲學家。

★ 霍夫曼斯塔虛構書信的作者叫作韓鐸斯（Philipp Lord Chandos），一個二十六歲的天才詩人，他在一六〇三年寫信給他的偶像培根（Francis Bacon）。詩人少年得志，後來沉寂了兩年，對詩的創作產生懷疑。

第九章——和時間玩遊戲

透過語言和文字創造的間隙。時間階段的發現以及敘事者的誕生。「喀什的滅亡」，一則非洲神話。敘事作為生存工具。一個文學時間模型的簡單的類型學。從奧德賽到巴爾扎克，從伊底帕斯到推理小說。生活謊言的動機。哈姆萊特和他的躊躇不前。史詩和戲劇對時間的處理。繪畫的時間。拉奧孔為什麼不叫出聲來？猝不及防。攝影和真相。一個女人渡河。像巴布一樣。芝諾悖論。普魯斯特不由自主的記憶畫面。永恆的瞬間。音樂。

時間是構成我們的材料。這不只是說所有人都擁有他的時間，它也意味著：每個人都有他的屬己時間。不管在外在事件或內心歷程當中，我們都感受到時間猶如「壞滅的暴流」。我們受到時間的宰制，也受它的折磨。可是這還沒完。美妙的地方在於，我們可以和時間玩遊戲，彷彿我們可以征服它。

這一切就從語言開始。語言創造了一個間隙。人藉著語言越過了共同的場所和時間的界限。人可以越過另一個場所和時間去溝通。兩人在對談時，他們始終身處在兩個時間裡：他們在某個時間裡溝通，而他們也越過某個時間溝通。他們在這些時間可以自由活動。然而如果他們還沒有文字，他們在溝通時就必須依賴同步的身體動作。有了文字以後，這個自由活動也就擺脫了這個條件限制。某個人寫了一段文字，另一個人在很久以後不知怎的讀到它，而他所讀到的內容又可能是關於另一個完全不同的時間裡的事。人們先後透過語言和文字開啟了一個浩瀚無垠的意義世界，超越了大家必須一起在場才能溝通的物質世界。兩千年前寫下來的一張莎草紙卷，人們到現在還可以解讀它。例如說，一九四六年在埃及拿哥瑪第（Nag Hammadi）曠野的石堆裡發現一堆陶罐，裡頭藏有大量諾斯替教派（gnostisch）經集，包括若干偽經和祕教文集，當然也還是在談論充滿罪惡的世界以及應許的救恩。*只要宗教把教義結集成冊，到處都會有像「拿哥瑪第經集」這樣的東西。聖經是最高形式的文字，它透顯了文字的功能：它結集了大量的時間在它裡頭，並且把這些時間散播到所有時間裡。

透過語言和文字的媒介，開啟了一整個時間和時間階段的宇宙，在那裡，時間之箭的不可逆性被打破了。人們有了語言和文字，不只可以把當下的事件從某個地方傳播到其他地方，那些很久以前的事或是尚未發生的事，從來沒有發生過的或是以後也不會發生的，可能的或不可能的，合理

譯註

*「拿戈瑪第經集」是一批一九四五年在上埃及地區拿戈瑪第發現的莎草紙翻頁書，當地的農民發現了這些文集被放入十三個用皮封口的陶罐內，用皮革包裝好。其中共有五十多篇文章，大多數是早期基督教諾斯替教派的經書，其中也有三篇文章出自《祕教集成》（*Corpus Hermeticum*）以及柏拉圖的《理想國》的局部翻譯。

的或荒謬的，簡單說，那些只存在於想像當中的事物，都會來到這個世界。藉由數位媒介，這個第二級的現實世界再度變成龐然大物，某些文化批評家甚至認為它可能使人和真正的現實世界脫節。到目前為止，人們當然還是分得出虛擬世界的耳光和現實世界的耳光。不過人們的確越來越難以區分虛擬世界的羞辱以及現實世界的羞辱，而我們也都知道惡意的誹謗如何致人於死。

語言史家發現，語言工具最早是用來記錄行為方式的符號，也就是說，它被用來表示事件是否已經結束或是在進行中，是否已經實行或者只是個構想，是主動或是被動的。卡西勒（Ernst Cassirer）[*]認為，「相對的時間階段的清楚區分」是語言發展裡「相當晚近的事」。[1]可是直到有了這種時間的區分，敘事才有可能存在。

敘事的對象不僅僅是日常生活的事件，也包括種種起源的傳說：整個部族創生的故事，也就是神話。神的國度不再只是不動的、聖祕（numinös）的彼岸，而是會在存有者以及大自然的時間裡自我開展。諸神從眾多不是出於人的自然力量裡脫穎而出，擁有他們自己的故事，也被捲入他們自己的故事裡。他們並沒有超越時間，而是時間裡的行為者。人們把聖祕者（das Numinose）★拉進時間的遊戲裡，他們就沒有那麼恐怖，因為他們也是敘事的對象：可以敘述某個事物，這就證明了某種解脫，因為人可以和一直支配著他的時間玩他自己的遊戲。

有一則非洲神話提到透過敘事而得到的解脫，這則故事原本是在一九〇〇年由人類學家佛本尼俄斯（Leo Frobenius）發表的，幾年前喀拉索（Roberto Calasso）把它收錄在同名的書裡，《卡什的滅亡》。[2] 佛本尼俄斯所敘述的神話如下：

喀什（Kasch）的國王是世上最有錢的人。可是他的生活也是最不幸的，因為他知道自己不久以後就要被殺死。祭司們會依據天體運行計算他

——譯註——

＊卡西勒（Ernst Cassirer, 1874-1945），德國哲學家，受到新康德主義傳統影響，發展出獨特的文化哲學。

★聖秘者（das Numinose）是德國神學家魯道夫．奧托（Rudolf Otto）提出的概念。

大限到來的時間。因此他們每天晚上都要觀察星空而不可以中斷，否則他們就算不準國王死亡的時間。有一次，一個國王以及他親自遴選的侍從被殺，由新的國王阿喀夫（Akaf）繼位。從遠方來了一個年輕人法利瑪斯（Far-li-mas），他會說許多動人的故事。阿喀夫和他成為好友，希望有一天可以和他以及他最小的妹妹莎莉（Sali）共赴黃泉。法利瑪斯每天晚上都到王宮說故事，讓阿喀夫以及他妹妹心醉神馳。「國王阿喀夫傾聽著。賓客傾聽著。國王和賓客都忘了喝酒。他們忘了呼吸。奴僕們也忘了服事。他們忘了呼吸。法利瑪斯的故事像大麻一樣。他說完故事的時候，所有人都像是心神蕩漾地昏厥過去似的。國王阿喀夫也忘了他自己的死期這回事。王宮裡沒有人注意到法利瑪斯的故事從晚上說到清晨。當賓客起身告辭時，太陽已經上山了。」[3]

愛上法利瑪斯的莎莉擔心自己也會被殺死，心裡思忖著要向誰求救。她跑去找祭司們，要他們也去聽聽法利瑪斯說故事，而不要每天晚上只顧著觀察星象。「神的成就很偉大，」她對祭司們說：「但是最偉大的成就不是他在天上的文字，而是地上的生命。」而法利瑪斯正好有辦法把地上生命的故事說得娓娓動聽。他們也應該去看看那些故事是否真的比「天上的文字」還要偉大。

起初只有一個祭司被莎莉說服，跑去偷聽法利瑪斯的故事，而沒有觀察星空。可是後來其他祭司也迷上了他的故事。他們雖然每次都想要準時到觀星台，卻為他的故事深深著迷。就這麼一個夜晚接著一個夜晚，直到他們把星象都搞亂了，再也算不準國王被殺的正確時間。而依據天體的時間決定什麼時候要殺死國王的嚴厲傳統從此就被打破了。國王、法利瑪斯和莎莉也因而獲救。喀什王國維持了一段時間，可是後來也滅亡了。神話說，「喀什後來的滅亡是因為……古老習俗的改變。」

這則神話是暗喻和時間玩遊戲的敘述短暫戰勝了時間不容妥協的宰制。而神話當然也把它解釋為某種「慘勝」，因為這個解脫後來變成了一個結束的開端。就此而論，人們不禁要懷疑這個解脫，或者是在故事裡要傳達的美好生活，因為這個敘事後來並沒有實現它的承諾。關於喀什的滅亡的神話看起來當然沒有那麼正面，譬如說《天方夜譚》裡為了免於一死而不停地說故事的雪赫拉薩德（Scheherazade），或是薄伽丘（Boccaccios）＊為了消除人們對於到處肆虐的瘟疫的恐懼而講述的連篇小說《十日談》，他們的敘事都是為了延後迫在眉睫的死亡。而敘事也在這些極端的例子裡揭露了它的真正意義：它和時間玩遊戲，因而暫時免於走向死亡的時間的威脅。也正因為如此，故事裡往往會提到死亡，因為人們可以在敘事中免於一死。

敘事會依照各種不同的時間模型，巴赫金（Michail Bachtin）★稱之為「時空型」（Chronotopoi）。那是敘事在和時間玩遊戲時的玩具，它是在源遠流長的傳統裡漸漸形成且保存下來的。[4]

敘事中的生命道路，以及它的情境、意外的相遇（不管是好是壞）、種種牽連糾葛和迷惘困惑，都有個基本的形式：它們都以時間的先後順序在敘述。此外，街道特別適合用來表現種種暗喻著偶然和命運的事件。有的時候，例如格里梅斯豪森（Grimmelshausen）†的《傻子辛普利丘歷險記》

（*Der abenteuerliche Simplicius Simplicissimus*）裡的主角，他並不特別趕時間，只是四處晃蕩；而趕時間的主角就會像是菲爾丁（Fielding）‡的《湯姆瓊斯》（*Tom Jones*）裡所敘述的，情節總是出人意表，而他也不斷地在趕路，有時候人生就是由許多旅程拼湊起來的。那些角色看起來像是迷路了。然而這不一定是故事的結局，也可能是個充滿希望的開端，因為但丁的《神曲》就是從迷失在森林當中開場的：「我在人生旅程的半途醒轉，發覺置身於一個黑林裡面，林中正確的道路消失中斷……。」[5]但丁的敘事者以前或許也出現在許多故事裡，不過於此表過不提。敘事者先後由味吉爾（Virgil）和已故的碧翠斯（Beatrice）作伴，遍歷地獄、煉獄

———譯註———

* 薄伽丘（Giovanni Boccaccio, 1313-1375），義大利作家、詩人。

★ 巴赫金（1895-1975），俄國是現代文學理論與文學批評家。

† 格里梅斯豪森（Hans Jakob Christoffel von Grimmelshausen, 1621-1676），日耳曼地區作家。

‡ 亨利．菲爾丁（Henry Fielding, 1707-1754），英格蘭小說家，劇作家。其代表作品為《湯姆．瓊斯》。

和天堂，並記錄沿途所見所聞，他把人生描寫成靈魂的試煉期，到頭來決定人要到天堂或地獄。以前也有許多基督教的故事敘述這個觀點。其中最經典的仍然是奧古斯丁的《懺悔錄》，不過旅程的盡頭究竟是天堂或是地獄，他並沒有交代清楚。

世界各地的「流浪漢小說」（Schelmenroman, picaresque novel）都會以街道作為生命旅程的象徵，例如前述的《傻子辛普利丘歷險記》，此外也包括賽萬提斯的《唐吉訶德》。老態龍鐘的騎士和正直勇敢的侍從桑丘．潘薩（Sancho Panza）一起上路，在馳騁想像的騎士小說裡，他們和當時西班牙的現實世界相遇。他們的旅程既穿越了空間，也穿越了時間。此類小說裡的主角往往會在空間裡迷路，可是唐吉訶德居然也會在時間裡迷路，這就成了這部小說的特點。

在這種生命的街道上趕路的，不只是冒險者，那些栩栩如生的喜劇人物，更有諸如歌德筆下的威廉師傅或是諾瓦里斯（Novalis）*的韓利希（Heinrich von Ofterdingen）之類的嚴肅角色。這些角色開啟了「成長小說」（Bildungsroman）的世界，他們訴說著在阡陌縱橫的道路上，人如何成為他自己。那是關於回到自己的故事，也是歸鄉的故事。人們問韓利希要往哪裡去，他回答說：「不就是回家嘛。」[6]而所有歸鄉小說的典範，則非《奧德賽》莫數。

奧德賽在回家的路上因為坎坷的命運而受阻、耽擱和偏航。他一路上偃蹇困窘，被捲進許多倒楣事裡，例如獨眼巨人波呂斐摩斯（Polyphem），以及旖旎無限的豔遇，例如迷人的卡呂普索（Kalypso）。他差一點就落入食蓮族（Lotophagen）的圈套，如果他像同伴一樣也吃了忘憂果而忘記自己的話：「當他們一吃了這種甜美的忘憂果，就不想回來報告消息，也不想返鄉……我不顧他們哭喊，把他們拽回船上，扔到船板底下，用纜繩縛緊他們……，免得再有人吃了忘憂果而忘了要返鄉。」[7]

——譯註——

* 諾瓦里斯（Novalis, Georg Philipp Friedrich Freiherr von Hardenberg, 1772-1801）德國浪漫主義詩人、作家、哲學家。

這部史詩幾乎形成了一種風格，因為它把各種形式的時間遊戲都展現出來。一波三折的歸鄉故事並不是直線式的平鋪直敘，而是以敘事技法推敲敷演，並且以詩的格律寫成的。奧德修斯的故事是從主角辭別溫柔嫵媚的卡呂普索開始的，以彎弓射死眾多求婚者收場，前後只有四十天。其他十年的漂流，則是以倒敘的方式鋪陳，大部分是由奧德修斯自己敘述，那時候他正在法亞克族人（Phäaken）那裡做客。所以說，奧德修斯自己的觀點正是史詩作者的有距離的觀點，另外還包括他的兒子泰勒馬庫斯（Telemach）的觀點，他一直在等父親回家，也講了一些他自己的故事。最後還有既在時間裡又超越時間的諸神，他們既捲入事件，而又坐壁上觀。

荷馬的史詩敘事不只在不同的時間觀點上跳接著，他的時間節奏也一直在變換。有些場景的敘事有如慢動作鏡頭，例如在開始屠殺求婚者的時候，有些事件則以快動作鏡頭描寫，例如在和卡呂普索生活的那段日子，每一天都相同，而七年來如一日。

在敘事結構上，除了一路上排列的事件的生命模式（在公路電影裡也看得到的直線形式）以外，還有其他處理時間的形式，例如網狀的或是迷宮式的。「社會小說」尤其是如此。人們在因緣際會之下相遇，各自的往事糾纏凝結在一起，由於他們對於未來也都各從其志，於是有了衝突糾葛、呼朋引類。世態炎涼，人情反覆無常，有人起高樓，有人樓塌了。有人位居要津，有人流離失所。這一切都在同一個時間裡緣起緣滅。關於這類的敘事，巴爾扎克（Honoré de Balzac）是此中翹楚，而他的佈局多半是網狀的而不是直線式的。

在敘事中對於時間的處理還有另一個形式，那就是模仿週期性的事件。事件的描述會穿插在自然現象之間，例如史提夫特（Stifter）*。或許主要都在描寫日復一日的生活瑣事，即使是在鄉間停滯的時間裡，例如福樓拜（Flaubert）。或者是如漢德克（Peter Handke）★一般描述與世隔絕

——譯註——

* 史提夫特（Adalbert Stifter, 1805-1868）奧地利作家、詩人、畫家。擅長在作品裡描繪自然風景。

★ 彼得．漢德克（Peter Handke, 1942-），奧地利作家。

的淡泊寧靜。

周而復始的時間和事件時間的融合尤其讓人印象深刻。在平靜而不斷重複的日子裡，突然闖入了某個事件，讓人不知失措，心驚膽跳，或許也會興奮莫名。一九一四年死於戰場的法國作家亞蘭・傅尼葉（Alain Fournier）*家喻戶曉的小說《美麗的約定》（*Le Grand Meaulnes*）就是使用這種手法。「一八九〇年代某個十一月的星期天，他到我們家……」[8]這是第一個魔幻般的句子，緊接著敘事者就打算回顧那日復一日的以及突如其來的事物：他想要喚起某個記憶，卻在「另一個等候的片刻裡」被另一個人想起，「他正憂心忡忡地遠望著某個從大街走過來的人」，他是一個退休的老師口中的學生。一段狂野的探險就從他開始。他深深吸引著其他同學，而敘事者也渴望如箭一般穿過日常生活周而復始的時間，再也不和他分開。

這就是直線式的、網狀的、以及週期性的時間模型。有一種表現方式尤其使人印象深刻，它的前提是在當下的片刻充滿著過去的感動。接著情節就橫向開展，敘事者發現一段過去，在挑戰困境上的成功和失敗。這個表現方式的原型是索福克列斯（Sophokles）★的《伊底帕斯三部曲》。[9]

在這部悲劇裡，所有重要的情節元素在時間上都先於敘事的當下，而現在的所有動作都只是在一步步揭露駭人聽聞的過去。伊底帕斯是底比斯（Theben）公認的英雄，權力和聲望如日中天，但是城裡卻鬧瘟疫，先知卻預言說，唯有揪出殺死以前的國王雷爾斯（Laios）的凶手並繩之以法，瘟疫才能平息。於是伊底帕斯展開調查。種種蛛絲馬跡都指向他自己，他卻渾然不覺。他甚至不知道雷爾斯就是他父親，他有一次在路上的衝突中殺死了國王，娶了剛剛變成寡婦的母親。到頭來，種種過去水清魚現，如出柙猛虎般地闖入現在。伊底帕斯的母親和妻子約卡斯特（Iokaste）無法承受這個真相而懸樑自盡。伊底帕斯則刺瞎自己的雙眼，黯然離開王國。

——譯註——

＊亞蘭．傅尼葉（Alain Fournier, Henri-Alban Fournier, 1886- 1914），法國作家、軍人。

★索福克列斯（Sophokles, 496-405 BC），古希臘悲劇的代表人物，和埃斯庫羅斯、歐里庇得斯並稱古希臘三大悲劇詩人。

推理小說的傳統可以說是以伊底帕斯三部曲為濫觴，而它也是最令人難以置信的高潮：偵探發現自己就是凶手。他所揭露的往日犯行，就是他自己的過去。然而就算沒有這個「偵探自己就是凶手」的高潮，這類的小說或戲劇也是取決於過去的強大力量。那不一定是什麼令人髮指的惡行，也可能一時間找不出凶手。那個過去也可能是一個傷害、侮辱、或者只是個不舒服的感受，起初被壓抑和隱藏著，卻一直暗潮洶湧，後來導致不幸的結局，當加害人認知到、承認或調查出真相，也只能選擇逃避。可是一切往往都太晚了，被否認的過去會反撲現在，正如自然主義的解析式戲劇（analytic drama）*，好比說易卜生（Henrik Ibsen）★的《野鴨》（*Vildanden*, 1884）。[10] 劇中幾乎每個人都和某個生活的謊言糾纏不清，也都有個不願面對的過去。主角艾克達（Hjalmar Ekdal）不願意承認他心愛的女兒不是他生的，雖然他心知肚明。劇中的每個人都是如此：他們都遭遇到生命的低潮。生活謊言這個概念就是易卜生創造的。尼采曾經如是詮釋它：每個人或早或晚都會虛構一個關於他的出身的過去。人們通常會透過生活的謊言支撐他的行動能力。人要往下走，就必須自欺欺人，編造他的過去。人們逃避真相，可是真相卻會緊追著他不放。

在文學的時間遊戲裡，我們往往會看到猶豫不決或是不知所措的角色，他寧可拖延時間，虛擲光陰。例如哈姆雷特，戲劇一開始就暗示著他寧可靜觀其變，當他為了母親在父王崩殂不久後就下嫁叔父的「罪惡的匆促」而怫恚不已的時候。而哈姆雷特作為王儲，他有責任馬上為父親報仇。可是哈姆雷特猶豫不決。他不敢確定。叔父真的是凶手嗎？母親知情嗎？他的報仇對於王國裡複雜的權力平衡會有什麼後果？哈姆雷特是個反應敏捷的人，當普隆涅斯（Polonius）躲在掛毯後面暗中偷聽時，他立刻警覺到威脅。可是他仍然沉吟不決，為此感到很痛苦，想要逃避這一切。「這是一個顛倒混亂的時代，唉，倒楣的我卻要負起重整乾坤的責任。」

——譯註——

＊解析式戲劇或發現戲劇，是一種戲劇結構的基本概念，指從以前的某個事件抽絲剝繭地發現真相的過程。

★易卜生（Henrik Johan Ibsen, 1828-1906）挪威劇作家，是現代現實主義戲劇的創始人。

哈姆雷特顯然很樂於被派到丹麥屬地英格蘭去。他們的船走得很慢，途中遇到疾馳而來的海盜船洗劫，他發現他們密謀要在英格蘭將他除掉，卻陰錯陽差地回到丹麥。他遇到盜墓人，他們可是一點兒都不急，他對勒替斯（Laertes）說：「我雖然不是一個暴躁易怒的人，可是我的火性發作起來，是很危險的。」[11]到了終局，他才讓人知道他有多麼危險。國王安排一場決鬥，要置他於死地，可是他不是一個人死去，他還拉勒替斯以及國王陪葬。哈姆雷特一直都在拖延時間，到頭來他的時間也被奪走了。

我們不加區別地探討了小說和戲劇這兩種文學。不過這兩種文類在處理時間上其實有個典型的差異。歌德和席勒在魚雁往返中很仔細地闡述了這個差異，並且都同意一個說法：「史詩敘述完全過去的事件，戲劇則是表現完全當下的事件。」[12]史詩會保持一個距離，也讓大眾保持一個距離。史詩的泰然自若讓人可以離題且反省。讀者會覺得興致高昂，而不覺得拘束，他參與了在時間裡的自由遊移。在戲劇裡則不然：即使諸如哈姆雷特或華倫斯坦（Wallenstein）*在行動上猶豫不決的角色，他們的一舉一動仍然會使觀眾屏息凝神而心醉神馳。在戲劇裡，人們被吸引，而在史詩裡，人們被釋放。席勒說：「戲劇的情節在我眼前上演，而我則會圍著史詩的情節打轉。」[13]作者必須決定他的作品是要有個時間順序或是以回顧的方式在時間裡忽前忽後地跳接。前者適用於戲劇的形式，後者則是經常出現在史詩和小說裡。而諸如《伊底帕斯》和《野鴨》之類探討過去的力量的戲劇，其實比較像史詩，因此在《伊底帕斯》裡有許多使者捎來的消息，而在《野鴨》裡則有許多往事的回顧。所以說，沉湎於過去的哈姆雷特比較像是史詩人物，而不像是戲劇裡的角色。

在文學裡對於時間的處理，不管是以史詩或戲劇的方式，整個來說，又和造型藝術的處理方式不同。萊辛（Lessing）★著名的文章〈拉奧孔〉

——譯註——

* 華倫斯坦（Albrecht Wenzel Eusebius von Wallenstein, 1583-1634），波希米亞軍事家。在三十年戰爭中的丹麥階段以及瑞典階段，率領神聖羅馬帝國軍隊與反哈布斯堡聯盟作戰。

★ 萊辛（Gotthold Ephraim Lessing, 1729-1781），德國啟蒙運動時期作家和文藝理論家。

（Laokoon: oder über die Grenzen der Malerei und Poesie）就是在探討這個主題。萊辛說，造型藝術模仿空間裡的物體，讓它們一個接一個顯現。詩則是在時間裡一個接一個把它們表現出來。詩會展開事件，而造型藝術則是把它們濃縮到某個瞬間。萊辛以古代的拉奧孔群像為例說明這個差異。

味吉爾曾經敘述過這個群像在瞬間裡所要表現的故事。洛伊的阿波羅神殿祭司拉奧孔不顧諸神的警告，要特洛伊人小心提防希臘人的木馬。可是他們沒有把他的話當一回事，而諸神也為此決定處罰拉奧孔。有一天，拉奧孔在海邊獻祭，海裡出現一條巨蛇，把他和兩個兒子都勒死。*這個群像就是描繪他們被巨蛇勒死的那個片刻。拉奧孔神情痛苦，可是他沒有叫喊。萊辛問了一個關鍵的問題：味吉爾在史詩裡明明說他的哭喊震耳欲聾，可是雕像所表現的拉奧孔為什麼不叫？★他之所以不哭喊，不是因為那不是古代英雄會做的事，正好相反，萊辛引述荷馬和味吉爾的說法，認為當時的英雄往往會肆無忌憚地哭喊。依據萊辛的理論，如果說群像裡的拉奧孔沒有吶喊，那是因為雕像表現的美學問題，它偏好的情感表現方式是讓它們一直靜靜佇立著，而不受任何美感感受的干擾。壓抑著的痛苦就是這種表現方式，而吶喊則不是。因為叫個不停的哭聲不僅讓人受不了，而且也不合理。

在表現情感時，我們可以想像它的持續升高，而戲劇藝術最好不要選擇在最高點，也就是突然聲嘶力竭地哭喊的那個瞬間，而是在它之前的若干階段，因為唯有「讓想像力自由馳騁」，在美感上才會「成果豐碩」。[14] 在極點上，想像力是無用武之地的，因為現實的成分太多了。那是個很頑固的現實性，因為它會限縮人的獨立行為。因此，讓人真正感動的，不是正在哭喊的拉奧孔，而是已經哭喊過的或是正要哭喊的拉奧孔。想像的空間會使得哭喊更感人，彷彿整個表現都凝固了。以下是萊辛鞭辟入裡的論

譯註

* 關於拉奧孔的死的傳說各異。一說是拉奧孔警告特洛伊人要提防希臘人的木馬，因而被雅典娜派出的海蛇殺死。又一說是拉奧孔和妻子在神殿裡交媾而觸怒諸神。

★ 見味吉爾《伊尼亞斯逃亡記》，曹鴻章譯，聯經，1990。「汙穢和黑的毒液浸濕了他的手和頭帶，他的可怖的尖叫充滿空中，像一頭被犧牲的公牛因斧頭砍得不正，咆哮一聲從頸上甩掉它，負傷離開祭壇跑開。」

點：「我們以自己的概念去把握其本質的所有現象，它們倏忽生滅，朝生暮死；所有這些現象，由於藝術的延長時間而顯得如此違反自然，每多看一眼，印象就會更薄弱，最後我們會覺得整個對象很討厭或很可怕。」15

在戲劇藝術當中的突發事件在美感上的確有其不足之處，但是我們不必把這個評論視作教條，尤其是從現代藝術的觀點，更是不足為訓，因為它早就擺脫了對象的描摹，這點對於萊辛還是很重要的。不過有一點是不變的，如果要產生強烈的美感印象，就必須喚起且要求想像力。造型藝術對於突發事件的表現，是否如萊辛所說的，沒有想像力發揮的空間，這點或許有討論的餘地。不過我們必須認同他的是，在敘事的表現媒介裡，突發事件顯得更讓人印象深刻，因為它有可以描寫的時間的連續體作為對照。

無論如何，突發事件在造型藝術裡還是有它的功能，尤其是在攝影的挑戰之下，後者可以說是突發事件最好的影像媒介。在那裡，描繪整個故事的所有瞬間彷彿都被串起來，就像是羅伯特・卡帕（Robert Capa）*於一九四四年拍攝的聯軍諾曼地登陸的著名照片。對於聯軍而言，登陸行動時不可失，而攝影師更是分秒必爭地捕捉每個稍縱即逝的片刻。一直到在暗房裡沖洗照片，攝影師才有時間加深他對於每個突發事件的印象。

畫面會說故事，可是它也會掩蓋故事。雷頓（Helmut Lethen）★曾經令人印象深刻地表現過這點，而且也是以二次大戰的照片，只是這次在東部戰線。我們看到一個女孩子小心翼翼地渡河，優雅地輕輕撩起裙子，水面蕩漾著粼粼波光。整個畫面幾乎使人有初夏田園風光的感覺。然而，如果人們翻到背面瞧一眼上面的記載，其實她是被迫渡河探測地雷的。然而對於這個故事，畫面是沉默的，也沒有提到那個女孩是否在這個出生入死的任務裡倖免於難。[16]

——譯註——

* 羅伯特・卡帕（Robert Capa, 1913-1954），匈牙利裔美國籍攝影記者，二十世紀最著名的戰地攝影記者。

★ 雷頓（Helmut Lethen, 1939-），德國文學家、文化評論家。

一個畫面可能掩蓋了故事的重點，而如果人知道那個故事，它可能更恐怖。還有一個例子，是一九二〇年代一張著名的照片，布洛赫（Ernst Bloch）[*]在關於「人生瞬間的黑暗」[17]的闡述裡曾經提到它，也就是說，我們從來都沒有辦法專注在當下，始終跟不上時間的腳步。照片顯示一隻雪橇滑過彎道頂端處，我們也看到一群人顯然很緊張地在觀看競賽。而下一秒鐘，他們都死了，因為雪橇衝出彎道撞上觀眾。可是我們從照片裡完全看不出端倪。

照片定影了那其實不存在的東西，也就是「時間點」。在拍攝的那個時間點裡，雪橇還沒有衝出彎道。一個動量接下來就把它甩出去。可是照片裡沒有那個動量，我們只能憑自己的想像。因此，那個時間點似乎有點不真實，動量在其中消失了。動量發生在於整個時間的連續體裡，而它本身卻沒有任何一個點。那些時間點是從外部定影的，不只是在攝影的時間，也包括測量。時間不會有個定點，它也不會測量自己，是我們在定點和測量的。芝諾悖論（Zenon Paradoxie）更是說明了我們沒辦法從時間點去理解時間。如果時間有一個個的點，那麼射出去的箭應該會停留在運動中的每個點上，從靜止的每個點是不會產生任何運動的。箭永遠都無法命中箭靶。所以說，攝影再怎麼逼真，也只是捕捉到時間裡不真實的部分：運動中的不動。

普魯斯特幾乎是唯一把時間奧祕當作作品的核心主題的作家，他對於攝影更是頗有微詞，覺得它扼殺了時間的真實流動。對他而言，攝影是那種刻意尋找的記憶畫面，使得往事沒辦法澎湃洶湧地回流到現在。

普魯斯特認為刻意的和不自覺的回憶是有差別的。在《追憶似水年華》的最後一部裡，敘事者在造訪蓋爾芒特家（Guermantes）途中，感受到不自覺的回憶令人欣喜若狂的忘我狀態，他小心翼翼地把它和虛弱無力的刻意回憶區分開來。在這個脈絡下，他也提到攝影的例子：「我現在

——譯註——

* 布洛赫（Ernst Bloch, 1885-1977），德國馬克思主義哲學家，主要著作有《希望的原則》（*Das Prinzip Hoffnung*）。

試圖從我的記憶中取出其他的『快照』，特別是它在威尼斯所攝取的快照，但只是這個詞把它變得像攝影展覽會那樣乏味。」[18]他走進蓋爾芒特公館的大院，才走了幾步，就差一點因為粗糙不停的鋪路石板而跌一跤，就在他失去平衡的那個瞬間，前一陣子造訪威尼斯的往事驀然浮現，那時候他也是踉踉蹌蹌地走在聖馬爾谷教堂廣場高低不平的石板上，這個片刻浮現的，不是什麼回憶的快照，而是令人欣喜若狂的往事重現。那是在品嚐浸泡在茶湯裡的瑪德蓮小蛋糕，它把他如夢似幻的童年交還給他。那是渾然忘我的片刻，既是在時間裡感受到的，卻又似乎超越了時間。即使一切都被拽進過去裡，他仍然心神蕩漾地感覺一個在時間裡持存的自我。在渾然忘我的瞬間裡感受到的這個自我，作者有時候把它叫作他心裡的「永恆的人」。[19]這個永恆的人藏在每個人心裡，而我們必須找到它的正確位置。「我們敲遍一扇扇並不通往任何地方的門扉，唯一可以進身的那扇門，找上一百年都可能徒勞無功，卻被我們無意間撞上、打開了。」[20]

那扇開啟的門是重新找到的時間閃現的片刻。他多次描寫說，這些片刻宛如十字架念珠一般串起整部小說。那不只是小說的重要場景，更是小說的創作緣由。那些重拾的時間片刻賦予作者靈感，催生出整部小說。就此而論，這部小說所敘述的，只不過是小說如何寫成的故事。

其他重拾的時間片刻，還包括在巴爾貝克（Balbec）附近做馬車時看到樹木被風吹彎了腰，馬丹維爾（Martinville）聳入蔚藍天際的教堂鐘樓，瑪德蓮小蛋糕的味道，蓋爾芒特公館大院裡高低不平的石板，以及虛構的作曲家凡德伊（Vinteuil）的室內樂的若干小提琴動機。當這些動機響起時，宛如前述所有回憶的精髓，讓敘事者滑翔到一個超越時間的國度，它的魔法正是從時間那裡得到的，現在又重新找到了。

叔本華自出機杼地把音樂事件解釋成世界全體的象徵，例如一段旋律如何在交響樂的結構裡升起又消失，那意味著瞬間的個別意志（Einzelwille）（個體）如何脫穎而出，接著又沉沒到世界意志（Weltwillen）（整體）裡。[21] 叔本華甚至認為音樂超越所有知識以及其他藝術，它能夠表現「世界的核心本質」，而這都是因為它和時間有各種內在關係。不久之後，對哲學很有野心的作曲家華格納（Richard Wagner）也受到這個對於音樂的哲學詮釋的啟發，提出「總體藝術作品」（Gasamtkunstwerk）的概念，認為它可以承諾一個暫時的救贖，一個美學上的升天。

作曲家齊默曼（Bernd Alois Zimmermann）*在他的文集《音程與時間》（*Intervall und Zeit*）裡固然避談以前高唱入雲的說法，但是對他而言，在音樂裡仍然會產生時間和瞬間的美妙統一，例如垂直排列的音列以及水平排列的曲調依照時間分解，而他形容音樂是「排列的時間」，一方面是透過音調及其和聲排列，另一方面則是依據節拍和節奏的順序排列。在和聲裡會產生共時性感受的時間，也就是同步性，在曲調裡則會產生歷時性感受的時間，也就是時間的前後相續，而這些時間形式當然也總是會相互結合，因為就連音調（以及由它們的疊加而產生的音色）也是由振動頻率產生的，也就是每個時間單位裡的振動次數。「音樂在人與時間之間規定的排列，」齊默曼說：「整個來說，就是運動的排列，它以某種方式把時間性灌注到意識裡，也把人拉到對於排列時間的內在經驗的歷程裡。」[22]

音樂以很特別的方式呼應流逝，或許它就是純粹形式的流逝。諸如叔本華或普魯斯特的狂熱者，受到柏拉圖的啟發，在這裡發現的正好就是時間和永恆的神祕關係。

——譯註——

＊齊默曼（Bernd Alois Zimmermann, 1918-1970），德國作曲家，拼貼音樂（Collage）先驅。

第十章——成熟的時間和永恆

柏拉圖的永恆和當下的日常生活經驗。忘了時間的全神貫注。屬靈的和屬血氣的神祕主義。美感的偉大片刻。尼采。霍夫曼斯塔、普魯斯特和阿多諾。追求不朽。生命期限的延長。靈魂不滅？蘇格拉底之死的原始場景。思考不能想像一個沒有自己的情況。基督復活的信仰。更加自我中心主義？放下及其種種困難。

人們追求超越時間，那並不只是一種狂熱。「永恆」一直是宗教和形上學的主題。它不同於無窮延長的時間。整個來說，它是不同於時間的東西。人們想要接近它，圍繞著它，因為人們不想接受時間的絕對宰制：一定有個超越時間的東西。柏拉圖是區分永恆（aion）和時間的人，他說永恆是個原型（模型），時間只是等而下之的複製品（摹本）而已。如果說永恆和時間有什麼相似之處，也只是持續不斷的「現在」，由所有「現在」構成的時間。

《蒂邁歐斯篇》（*Timaios*）是西方哲學對於時間的思辨的基本教科書，它說：「因此，鑒於那原型是一個永恆的生物，他也試著盡其所能使宇宙永恆，」於是它創造一個運動著的永恆的形象。「日、夜、年，在天被造出來之前並不存在，但當他在建構天的時候把它們也給造了出來。它們全都是時間的部分，過去和將來也是時間的生成形式，而我們不經意地將它們錯誤地用於永恆的存在，因為我們說『過去是』、『現在是』、『將來是』等等，實際上只有說『現在是』才是恰當的。」[1]

生成的時間是前後相續的時間。無窮時間序列還不是永恆。如果說永恆是個不同於時間的東西，那麼它就不會是前後相續的，因此它始終是「現在」，不會有前際或後際，也不會有過去和未來。我們感受到其前際和後際的時間，只是這個無時間性的永恆的摹本。而既然是複製品，就必定和原型相似。那麼，在我們感受的時間裡，有什麼和無時間性相似的面向嗎？在時間經驗裡，有什麼可以讓我們聯想到永恆持續不斷的「現在」嗎？

有的，而且就在我們身邊——我們每天與它為伍。那是個理所當然卻又弔詭的經驗：我們雖然感覺到時間在流逝，但是我們也會覺得它始終是個現在，而這個當下也是現在。現在始終是現在。維根斯坦說：「如果我們不把永恆了解為無限時間的延續，而是把它視為非時間的話，則永恆的生命就屬於活在現世的人。」[2]現在本身不是被時間穿過去的針孔。它是絕對的持存，或者如叔本華所說的，它是垂直的東西，而水平的時間流逝則是橫切它。如果說形上學把永恆想像成無時間性，它其實也影射著這個持存的現在之窗，雖然有些神祕，卻也是我們日常生活的時間經驗，儘管我們習焉而不察，而它也很少從流轉不息的經驗裡浮現。為什麼？因為人們多半被時間裡的各種事件搞得筋疲力竭。人們只注意到現在發生什麼事，而不會注意到「現在」本身。它藏身在現在的事件背後，因而總是被遮蔽了。

奧古斯丁在探索永恆時也看到「現在」的持續性，把過去、現在和未來的三度時間壓縮成現在，而變成三重關係：「過去的現在、現在的現在和將來的現在」。[3] 未來和過去都被「現在化」。現在把另外兩個時間向度綁在自己身上。而奧古斯丁也以這個模式去思考永恆的問題。它就像是生命裡不會流逝的東西，而那正是現在的持存。任何事件終究都會過去，但是我們藉以觀察和感受它們的現在之窗卻始終存在。就此而論，現在是個短暫的永恆。

我們也會在日常生活裡時間踏上時間和無時間性之間的另一座橋樑。那就是當我們聚精會神在某個事物或人身上而渾然忘我，以致於也忘記時間。

人們會投入某個事物，醉心於某個自然印象、一個畫面或聲音。而藝術尤其能夠教人流連忘返。叔本華認為幸福就是擁有欣賞藝術的能力：他說，在那個瞬間，「我們擺脫了可恥的意志之驅使，我們為得免於欲求強加於我們的勞役而慶祝假日，這時伊克希翁（**Ixion**）的風火輪也停止轉動。」[4]

不只是在藝術裡，在戀愛的幸福裡亦然，時間似乎暫時停止了。無論如何，人們忘了它，也忘了自己，忘了他的掛念、利害關係、煩憂或是義務。渾然忘我也就是忘了時間，反之亦然。此外，那不必然意指著枯坐冥想。那只是說人們完全繫念於某個事物或人，而不在乎對他是否有好處，人們也不會對於必須充填或是打發的時間斤斤計較。當人必須全神貫注才能完成某一件事，他就會讓時間自己消失。有時候人也會訝異時間怎麼過得這麼快。那是很緊湊的瞬間。但是事件通常不會提供這種保護，因為人們可能不會那麼投入，也因為正如我們在討論無聊時看到的時間，它總是從它的薄幕後面透著微光。我們就是沒辦法忘記它。可是我們也必定有過流連忘返或全神貫注的片刻，那會使我們暫時感受到無時間性。

我們也可以把時間推到一段距離之外，因為我們把它當作沉思的對象，就像我現在正在做的事。如是，我們固然注意到它的消逝，卻因為採取理論的態度，而能夠稍感釋懷。我們甚至可以感受到一種理論的歡悅，亞里斯多德歌頌過它，認為專心致志於理論的生活是最美好的生活。[*]人們採取理論的態度，便可以暫時想像自己掙脫了時間的控制。聰明的文化人，例如英格蘭哲學家麥塔嘉（John McTaggart）★甚至有辦法以別出心裁的分析證明時間只是文法裡的魅影。[5]這些搞理論的人當然也明白，當他們在開展他們的理論時，時間也流逝了。就算是否認時間的真實存在的理論，也必須消耗時間。而不管怎樣，當人全神貫注時，他會沉浸其中而忘記時間。

在全神貫注的片刻裡暫時喪失時間意識，而有如持存的當下，那是很稀鬆平常的現象。而持續得比較久的「成熟的時間」（erfüllte Zeit）[†]，或是「時間的懸擱」（Zeitenthobenheit），例如西方的神祕主義（Mystik）或是東方的禪修和開悟，則沒有那麼常見。時間的消失在這裡扮演很重要的角色。艾克哈特大師（Meister Eckhart）[‡]曾經提到「停駐的當下」（nunc stans）的概念。這種經驗往往和歷史和宗教背景下的各種神性形象有關。不過它們終究是可以脫鉤的，而神祕主義者也注意到這種經驗的純粹性：它們應該和教條信仰區分開來。

十九世紀末出現了一種新的俗世神祕主義，那是在美感而非宗教的環境裡的經驗。它和傳統的神性觀念無關，喚起令人欣喜若狂的片刻，把我們從平常的時間虛度裡拉出來。尼采在《瞧！這個人》（*Ecce Homo*）裡

——譯註——

* 見亞里斯多德《尼各馬科倫理學》。

★ 麥塔嘉（John McTaggart Ellis McTaggart, 1866-1925），英格蘭唯心主義形上學家。

† 「成熟的時間」，見：《馬可福音》1:15：「時機成熟了！上帝的國快實現了！你們要離棄罪惡，信從福音。」

‡ 艾克哈特大師（Meister Eckhart, c. 1260-c. 1328），日耳曼神學家、哲學家和神秘主義者。

宛如吹響號角一般地說：「都已經十九世紀末了，有人真的明白，盛世裡的詩人把靈感叫作什麼嗎？我想要描寫它的另一個情況。」接著就是輕鬆愉快、甚至是超然物外的句子，雖然它試圖把握的是個不同凡響的事件。「啟示的概念意味著突然地、以難以言喻的安穩和優雅，變成了看得見聽得到的東西，使人感到震撼而不知所措的東西，而這個概念只是在描述事實而已。」6

這個東西就是在席爾瓦普拉納（Silvaplana）蘇雷山區那次靈光乍現的歡悅經驗。尼采從那個經驗（花了一點工夫）開展出「永恆回歸」的學說，對於該學說而言，「剎那」不再是短暫易逝的當下，而是在自身中蘊含了永恆，因為所有正在發生的事，都是已經發生過的，而且會再度發生。那個使原始感動的岩漿凝固成建築物的理論，可以概述如下：宇宙的種種力量，無論是物質或能量，總是有時而窮，然而時間卻是無限的。在這個無限的時間裡，所有物質和能量，也就是所有事件，都是曾經存在過的，將來也會無限重複發生的。因此，時間只是個表面現象而已，它其實並沒有煙消雲散，一切都會重新來過。太陽底下沒有新鮮事。這就是這個理論。在最初的靈感裡，萬物更有生命力，尼采在那裡看到「永恆」顫巍巍地站在「剎那」的尖端，那是個難以言喻而源泉不竭的狂喜片刻。在這個理論裡，那意味著永恆不變者的「當下」。於是，理論可能變成它所依據的經驗的死者面模。

不一定是完整闡述的理論，有時候只要在隻字片語或是個別的概念的外殼下，那個偉大的剎那的生命就可能被凝固起來。在這個意義下，霍夫曼斯塔在前面提到一九〇二年的《韓鐸斯書信》裡為真實明確的經驗辯護，認為語言會剝奪了它最美好的部分：「對我而言，所有東西都會分崩離析，變成一個個部分，再也沒辦法轉換成概念。」[7]當然，他的書信裡的說法正好自打嘴巴，因為作者自己顯然「沒有能力有組織地思考或談論某個事物」。韓鐸斯並不是沉默不語，而是很技巧性地挺進那所謂離言絕慮的領域，在那裡發現「許多令人歡欣鼓舞的瞬間」[8]，在其中某個瞬間，各種事物、人和情境會和他交談，而他們似乎充滿了澎湃洶湧且更高貴的生命潮水，而在下一個瞬間，他又覺得時間似乎靜止了，事件也變成一個「讓人覺得仰之彌高」的畫面。這個忘我出神的美感瞬間散見於霍夫曼斯塔的所有作品裡，茲舉一例，他在《詩人和這個時代》（*Der Dichter und diese Zeit*, 1907）的演講裡說：「在那個著魔般的瞬間，他覺得萬物若即若離：接著他覺得和萬物之間存在著某個關係。他沒有什麼東西遺失在過去裡，未來也不會帶給他什麼。在那個著魔般的瞬間，他是個超越時間的人。」[9]

渴望擁有魔法般的瞬間，覺得自己在裡頭超越時間，這不是現代才有的要求。所不同者只是在於，這種超越性的經驗再也不是在宗教裡，而是在美感經驗裡探尋並發現的。從里爾克（Rilke）[*]、格奧爾格（Stefan George）[★]、穆齊爾（Robert Musil）[†]，到喬伊斯（James Joyce）[‡]所謂的「靈光乍現」（epiphany）裡。

然而當人們因為他的美感經驗而自稱是超越時間的人，那或許不只是個口頭禪，而在那神祕的魔法般的瞬間裡到底發生了什麼事？當然，每次的情況都有所不同；但是它們還是有個共同點，那就是感覺到時間停止，不是凝固，而是集中，而現實世界也濃縮成清晰而光彩奪目的畫面。阿多諾（Adorno）∞說：「每個藝術作品都只在一瞬間；成功的作品是短暫的平衡，片刻地中止固執的心靈所堅持的歷程。」[10]

藝術作品的那個瞬間當然也有它的長度，它的時間延展，可是它的延伸有個框架，在這個框架裡，我們不會覺得時間是外部的東西。如果要明確地感受到這個性質，那個在藝術作品之外的現實世界就有必要一直呈

譯註

* 里爾克（Rainer Maria Rilke, 1875-1926），奧地利詩人、小說家。

★ 格奧爾格（Stefan Anton George, 1868-1933），德國詩人。

† 穆齊爾（Robert Musil, 1880-1942），奧地利作家。他未完成的小說《沒有個性的人》是現代主義小說的代表作。

‡ 喬伊斯（James Augustine Aloysius Joyce, 1882-1941），愛爾蘭作家和詩人，二十世紀最重要的作家之一。作品包括《都柏林人》（1914）、《一個青年藝術家的畫像》（1916）、《尤利西斯》（1922）以及《芬尼根的守靈夜》（1939）。

∞ 阿多諾（Theodor Ludwig Wiesengrund Adorno, 1903-1969），德國社會學家、哲學家、音樂家和作曲家，法蘭克福學派成員之一。

現為背景的對比。如果我們沒有不時提醒自己是從那裡走出來的或是替自己設定了哪個框架，那麼我們就沒辦法正確地理解這個藝術作品的瞬間。那個框架以及和日常生活的切割，賦予了藝術很特別的表現性格。唯有如此，這個作為藝術的例外狀態的瞬間，才能施展魔法般的吸引力，使人暫時脫離自己的時間，被另一個時間感動，想要沉醉在某個感覺、畫面、小說的世界或某個曲式裡，彷彿那裡有個救恩在等著我們。原本相續不斷的時間被打破了，對另一個世界開啟了大門，而且由於我們可以重複進出那個世界，由於它一直都在等候我們的造訪，由於它始終在送往迎來，所以我們會覺得它是一直持存著的，雖然和其他事物一樣都在時間裡活動，卻可以對抗時間。這就是藝術裡所謂「剎那間的短暫永恆」。

它之所以是個短暫的永恆，也正是因為藝術家的精神可以在那裡長存，也為後人保留了一個精神的空間，讓他們進來駐足片刻。藝術家自己或許死後不太可能得到永生，但是對我們而言，他和他的作品卻會從死裡復活，而當我們沉浸在他的精神裡，展卷閱讀它，他就會與我們同在。普魯斯特在提到貝戈特（Bergotte）之死時，有過如此令人神往的描述：「人們埋葬了他，但是在喪禮的整個夜晚，在燈火通明的玻璃櫥窗裡，他的那三本一疊的書猶如展開翅膀的天使在守夜，對於已經不在人世的他來說，那彷彿是他復活的象徵。」[11]

在《追憶似水年華》最後幾頁裡說，作者在一連串的靈感之後，終於能夠開始提筆寫下這個故事，那重拾的時光的永恆價值也得以顯現，在某個瞬間，他覺得自己心裡有個超越的世界，而有個念頭如閃電一般襲上心頭，他隨時都可能會死，而他的精神礦藏的永恆價值也會消失。「現在，由於感覺到自己是一部作品的負有者，可能導致死亡的意外事故對我說來變得更加可怕，甚至荒謬（只要我覺得這部作品是必要而能夠經久不衰的）……」[12]

荒謬之處在於一個終有一死的負載者居然和「永恆的價值」扯得上關係。作者覺得自己在作品裡超越了時間，然而正是為了這部作品，對於死亡的恐懼再度襲上心頭。人的終有一死始終是很令人難堪的事，特別是當人自以為創造了超越生死流轉的事物。

任何生物都會抗拒他的生命盡頭，當死亡臨到時，顯然也會感到恐懼。尤其是人類，因為他可以預見自己的死亡，也很清楚他難逃那一日。

自古以來，人們就汲汲於延長生命，到目前為止也相當成功。透過現代的衛生和醫療，平均餘命明顯提高，而且顯然還會再提高，當然也會有其尷尬的後果，那就是承受老年的種種限制（例如失智症）的時間也會增加。所以說是得失相半：人們到了一個年紀漸漸變成植物人，而那在沒有現代醫療的年代裡幾乎是無法想像的。然而就算有種種醫療協助，生命總有一天還是會結束，身體力量也會枯竭。

而意識裡也會有個很奇特的矛盾。一方面我知道自己會死，另一方面，我卻沒辦法從內部去思考我自己的終點。從外部去思考則一點問題也沒有。我可以輕易地想像一個沒有我的世界。我也可以想像我的死亡，我的屍體、喪禮、遺物，一整個沒有我的世界，可是那也總得還剩下一個我，才能夠想像這一切。佛洛伊德曾說：「自己的死亡是無法想像的，只要我們試圖想像它，就會發現我們自己其實是以觀眾的角色繼續存在著。」[13]他由此推論說，「在無意識裡」，每個人都相信自己是不死的。

不只是在無意識裡。意識總是想要突破這個矛盾，並且證實自己是不朽的。而它一直是以對於身體與心靈的差異的深刻體驗作為出發點。自柏拉圖的時代以降，它的名字一直在改變，例如說，我們現在幾乎不再談論「靈魂」這種東西了。但是這個不管叫作心靈或靈魂的實在界，它感覺起來就是和外在世界迥然有異，這點則是一直沒有變的，也足以讓人逐步推論出靈魂不朽的希望。

如果我們可以用某種方式發現靈魂的存在，而且感覺到它是既可以和身體分離、又和身體交錯、賦予身體生命的一種力量。這種身心二元論在柏拉圖之前就已經存在了，可是柏拉圖為它建立了一個古典哲學的說法，例如在蘇格拉底臨死前的最後對話裡所描述的。這是對於靈魂不朽的哲學信念的原始場景。若干世紀之後，耶穌受難則成為對於復活的信仰的原始場景，不過其中的意義自然大不相同。

柏拉圖讓他筆下的蘇格拉底說，哲學家的事業，「完全就在於使靈魂從身體中解脫和分離出來」，是試圖在身體和靈魂混雜的情況下「僅只擁有靈魂本身」。[14]可是當人「僅只擁有靈魂本身」，他到底擁有了什麼？對於蘇格拉底而言，靈魂不只是情緒和感覺，也就是現在所理解的「心理」，它其實是心靈的生命原理。一個和身體處於緊張關係的心靈。那裡有種種生滅流轉，也就是時間的宰制。可是心靈卻可以擺脫交替和變化。一個數學方程式到哪裡都是有效的。或者說每個不同的時代都有形形色色的椅子，可是整個來說，椅子的觀念卻是自始至終都一樣。我們的思想固然會接收此起彼落的感官印象，但是它往往會和它們分離：它可以抽象思考。思想可以自由游走於感覺及其時序之外，使它擁有某種主權，而甚至可以局部地主宰感官世界。整個來說，這意味著：心靈有超越感官世界的能力。那麼死亡呢？

是的，它也能超越死亡。那是柏拉圖的堅定回答。對他來說，哲學不只是神操，早在靈魂於臨終時完全脫離身體之前，它就讓靈魂脫離了身體。身體會在時間裡變易，但是心靈卻會堅持下去。它是人們裡頭永恆的東西，雖然仍然和俗世混雜在一起。一切都取決於分離的過程是否成功，更確切地說：人是否能夠純粹地經驗到那擺脫身體的糾纏的靈魂本身？柏拉圖認為是有可能的。柏拉圖筆下的蘇格拉底以及由他建立的形上學傳統，正是在意識到其超越能力的心靈的自我體驗裡探求靈魂不滅。重點不在於是否能想出靈魂不滅的理由。蘇格拉底想了一下，彙整了四種「證明」，卻遭到他的學生的質疑，而他只是同意說這些質疑是有可能的，並且把它們叫作「救生船」。最後他們都同意一點：論證的可信性是在於思考本身的超越行動，而不在於個別的證明。

從擺脫時間之桎梏去看，柏拉圖主義是試圖在受到時間束縛的人類身上發現永恆的東西，也就是以心靈的自我經驗的形式，它相信自己可以脫離身體的羈絆。在一個影響深遠的傳統下，柏拉圖的思想試圖在心靈的自我經驗裡找尋一個讓生命得以恆久存在的庇護所。如果我們以為靈魂不滅的觀念只是對於凶多吉少的未來的臆測，那麼我們對它的了解就太少了，那其實是對於一種性質的覺察，它不是未來的東西，而是現在就感受得到的，而將來既能夠也應該存在的。我們應該把這個倫理的意含一起考慮進去。靈魂到了命終之日才會脫離身體，然而它其實現在就渴望擺脫身體的各種欲求，並且展現其獨立自主，這暗示著它除了身體以外還有另一個家。在柏拉圖的理解下，它是不朽的。這是它不會喪失的屬性。

不過，和身體結合的靈魂也會受到汙染。柏拉圖從這個考量開始，引用了更古老的靈魂輪迴理論。就像古印度傳統，低下的靈魂會轉世到低下的身體裡，以償還它的染汙，即古印度所說的「業」（karma）。靈魂必須經歷一連串的俗世時間和形象的滌淨過程，直到它完全清淨無瑕，即古印度所謂的「涅槃」（nirvana）或是古希臘的「極西樂土」（Elysium）。靈魂在它的家鄉是不朽的，可是它必須努力獲致更高的不朽。

柏拉圖的靈魂不滅學說預設了身心二元論。固然，人們到現在還是會區分身體的活動以及和它對應的心靈或靈魂狀態，而如果要避免落入自然主義的窠臼的話，也要注意不要使任何一方被化約成另一方。可是不同於柏拉圖主義，現在人們幾乎不再把思想和感覺放一邊，而把大腦和身體的狀態放另一邊，而這種區分去開展靈魂不滅的觀念。相反的：心靈可以馳騁想像，可是只要大腦一缺血，心靈就會停止思考。我們可以想像一顆死掉的大腦，可是一顆死掉的大腦卻再也不會有任何想像。而即使有人說，這個叫作心靈或靈魂的東西，雖然不同於身體，它還是會和所屬的身體一起死去，我們也沒辦法提出合理的懷疑。

我們放遠一點看：這個在歷史裡影響深遠的柏拉圖思想，完全是從內心世界裡開展的，也就是心靈的自我經驗，而它卻沒辦法想像自己停止活動會是什麼樣子。這個證明乍看來會令人感到錯愕，可是它其實是有缺陷的，因為意識不只是從內部經驗到它自己而已，它更可以從外部觀察自己，把自己當作對象。這是常有的事，而採取距離的觀察方式也會催生出各種客觀化的科學。可是在這個視角下的世界，是個有生死流轉的世界，而有能力領悟這一切的心靈本身也不例外。世界固然在我的大腦裡，可是我的大腦也在世界裡。

確切地說，以思考沒有辦法想像自己不存在作為論證，在邏輯上太弱了，可是這裡的重點也正好和邏輯無關，而是在於無論如何都要抓住生命不放的那個基本動力，而這動力又和人沒辦法想像自己的不存在有關。

在西方傳統裡，靈魂不滅的觀念被基督宗教的復活信仰覆蓋了。而後者原本其實是意味著和靈魂不滅的觀念的決裂。因為復活信仰認為，靈魂起初是和身體一起死去，接著才和身體一起復活的。對於早期基督宗教而言，重點在於耶穌的墳墓是空的，他的身體和靈魂一起復活，接著才升天，而他也會復臨，審判活人和復活的死人，並且賜予他們永生。保羅相信主會在他的那個年代裡復臨：「以後我們這還活著還存留的人，必和他們一同被提到雲裡在空中與主相遇，這樣我們就要和主永遠同在。」[15]他在當時的世界宣揚這個信仰，得到信眾極大的迴響。

復活預設了死亡，靈魂也是。這裡起初並沒有柏拉圖的身心二元論。他們並不認為人有某個部分，也就是靈魂，在身體死後仍然存在著。相反的，是整個人死去，接著整個人復活並且接受審判。

我們很難想像，為什麼復活的信仰最後又會被相對而言更加合理的靈魂不滅觀念覆蓋。對於那腐朽的、被蛆吃光的身體的復活，人們或許不是很能夠想像。儘管如此，這個信仰畢竟存在了這麼多個世紀，即使神學其實很難解決這個信仰的種種難題，尤其是其中涉及了自然主義的以及超自然主義的信仰。

神學家和宗教學家保羅．田立克（Paul Tillich）*在他大部頭的《系統神學》（*Systematic Theology*）卷末探討復活以及永生的信理時相當無奈而幾乎是心灰意冷地說：「（那在它的一切功能中，）以自我意識為前提的精神的層次，不能被否定永恆的成就。那恰如對生物的層次、同時也是對個體不能否定永遠的成就一樣。比這個更多的事是不能說了。」[16]

——譯註——

* 保羅．田立克（Paul Johannes Tillich, 1886-1965），基督教存在主義神學家、哲學家、新保羅主義者，美國的存在主義代表人物。

在神學上，或許真的再也不能多說什麼了，可以從歷史的視角去看，我們卻不禁覺得，上一個千禧年西方文化圈的人類，基於靈魂不滅、靈魂轉世以及死後復活的信仰，而不必想像個人的生命如何戛然而止。「無論如何，它都會持續存在著，」人們這麼相信，雖然他們因而會有另一個憂慮：即使人們相信死後還有生命，還是不知道自己會得救或是下地獄。

這種「整個人復活」的觀念，我們現在很難相信了，但是它卻在俗世裡留下很深的痕跡，因為它有助於在規範的意義下（而不一定是在事實的意義下）尊重每個位格（Person）*都是獨一無二的個體。基於基督教信仰，人們漸漸相信，神在對某個「你」說話時，祂是在對個人說話，反過來說，人在和神對話時，也是個別的交談。而這就使得位格的價值顯得高貴。

可是這個觀念也會變本加厲，因為它想要死抓住自己不放。這就會出現問題。無論如何都要求在未知的將來裡讓自己的位格得救，這雖然是陳腔濫調了，卻仍然會招致如涂根達特（Ernst Tugendhat）★所謂「自我中心」的譏議。[17]就連基於形上學的理由而對於基督教和天主教的信仰深感興趣的哲學家馬克斯・謝勒（Max Scheler）†，也對於這個基督教的復活信仰的以自我為中心（Ich-Bezogenheit）期期以為不可：「關於復活的神祕主義把原本很嚴肅的死亡變成了化裝舞會，而自我中心的欲望也被歌頌成（基督肉體復活的）化為血肉。」[18]

對於身後事的這個獨特的以自我為中心，使得基督教信仰迥異於循環的時間和生命的觀點，或者是東方的智慧，特別是主張要除去我執的禪宗。

譯註

*「精神性的個體稱為位格。因此位格是具精神性及不能為別的個體所共有的特質之個別存有者。人以位格形式出現於可見世界；……有他自己的絕對一次性的命運和目的。……我們如果承認精神靈魂不死，那麼人的位格更有永恆的意義：每一位格投向一種唯有他自己才能獲得的完善。由於位格的特殊尊嚴，所以不能視人如物。」（布魯格《西洋哲學辭典》，項退結編譯，先知，1976）

★涂根達特（Ernst Tugendhat, 1930-），德國哲學家。

†馬克斯．謝勒（Max Scheler, 1874-1928），德國哲學家、現象學家，哲學人類學主要代表。作品涉及現象學、倫理學、宗教哲學、知識社會學、哲學人類學、形上學、社會批判和政治思想等領域。

循環的觀點強調一段不限於個別的人的時間週期。而如前所述，對於時間週期的體驗意味著不只是把時間當作由生成和壞滅構成的直線式事件，而是持續的周而復始，例如晝夜更替、四時變化、日月週期、植物和其他生物生生不息的循環。

循環的時間是生物的時間。參與其中的人都會想要超越個別的生命歷程，因為他把自己有期限的生命視為一個更大的生命歷程的插曲。因為個別生命的死亡，全體生命才能得到重生。因此，構造比較簡單的生物，例如單細胞生物，它們會比構造複雜的生物撐得更久。任何形體都會死亡，這意味著有生命的實體並沒有消失，它只是蛻變並且創造出新的生命。古時候的人說個別生命溶化到「全體生命」裡，這個說法把這整個歷程形容得相當貼切。如果個人真的能夠從整個生命歷程的觀點去體驗他個人的死亡，他或許可以在死亡裡發現生命。他或許也可以得到一點慰藉。正如高達美（Hans Georg Gadamer）*所指出的，傳說中古希臘醫生阿爾克邁恩（Alkmaion）★令人費解的那句話「人之所以會死，那是因為他沒有學會把終點和起點連在一起」，應該就是這個意思。[19]這句格言也可以理解成：如果人學會把終點和起點連在一起，那麼他就會覺得自己被嵌入生生不息的生命歷程裡，他的死亡也不再是生命的瓦解冰銷，而可以理解為棲止在全體生命裡。這不是容易的事，因為那預設著人能夠不考慮自己，雖然遠離生命，卻仍然覺得自己像以前活著的時候一樣參與生命。他必須在心裡參與一個把他排除在外的未來。可是未來真的把他排除在外嗎？不，未來不會做這種事。只有以自己為中心的人才會這麼想。而他也不會因為生命沒有了他還是會生生不息而感到開心。他甚至會埋怨生命為什麼在其他人身上延續下去，並且因而感到忿怒和絕望。相反的，德文裡關於死亡有個說法叫作「Das Zeitliche segnen」（為塵世祝福），它表達了一個深

——譯註——

＊高達美（Hans Georg Gadamer, 1900-2002），德國哲學家，詮釋學家，代表為《真理與方法》。

★阿爾克邁恩（Alkmaion, ca. 490-? BC），古希臘自然哲學家和醫生，相傳是畢達哥拉斯的學生，他是史上第一個為研究而解剖人體的醫生，認為大腦是感覺的中樞，也區分了動脈和靜脈。

刻的真理，因為那意味著為了他人能夠繼續活下去感到高興而不會心生妒嫉。

有時候人們也會說，如果人可以放下，那麼或許就可以承受死亡這件事了。其實這句話相當發人深省。

說得容易，可是人們為什麼總是放不下，不只是和別人道別，也包括和自己道別？僅僅以在道德上有瑕疵的自我中心，是不足以說明的。我們都很清楚怎麼以客觀的態度去克服單純的主觀性。我們也很清楚怎麼以客觀的立場去凝視一個沒有我們也過得很好的現實世界。但是如果說要放下，那就不只是我們一直做得到的客觀思考而已，除此之外，我們還要能夠以主觀的認同感覺去進行這個客觀思考，也就是內部觀點要和外部觀點融合在一起。我們必須習慣一個裡面不再有我們的現實世界。在我出生之前，這個世界本來就沒有我，為什麼現在我要為了將來的缺席而感到不安呢？或許那和前述的沒辦法想像自己缺席的意識生命有關。如果以前不曾存在，現在的缺席應該不是什麼問題；有問題的其實是即將要消失的存在。

那為什麼是個問題？因為那是對於世界而言的存在，可是如果這個存在消失，那麼世界還剩下什麼？當然世界還在，我以客觀的立場對自己如是說。可是我會有個猶如芒刺在背的弔詭不安，擔心不只是我從世界消失，甚至整個世界也會消失，因為它以前是我的世界，而且沒有別的世界。使人感到退縮的，正是這個「非有」（Nichtsein）的深淵。

一方面是主觀意識，隨著自己的消失，一切都會脫離它而滑落到虛無裡，另一方面則是客觀意識，對它而言，世界和時間都會自然而然地繼續走下去，這兩者之間的緊張關係幾乎沒辦法調解，而終究只能堅持到某個未知的結局。

原文註釋

前言

1 Hugo von Hoffmannsthal: *Der Rosenkavalier* (1911), I. Akt.

2 Augustinus: *Bekenntnisse* (397-401 n. Chr.), S. 312。（譯按：中譯見《懺悔錄》，周士良譯，台灣商務，1998。）

第一章　無聊的時間

1 William James: *The Perception of Time* (1886). Zit. Zimmerli et al.: *Klassiker der modernen Zeitphilosophie*, S. 50.

2 Johann Wolfgang Goethe: *Dichtung und Wahrheit*, Dritter Teil, 13. Buch (1811–14). Münchner Ausgabe Band 16, S. 611 f.

3 Thomas Mann: *Der Zauberberg* (1924), S. 148（譯按：中譯見《魔山》頁115，彭淮棟譯，遠景，1979）。

4 E. M. Cioran: *Vom Nachteil, geboren zu sein* (1973), S. 5.

5 Michael Theunissen: *Negative Theologie der Zeit*, S. 218.

6 Samuel Beckett: *Warten auf Godot* (1952), S. 96 f.（譯按：中譯見《等待果陀．終局》，

廖玉如譯注，聯經出版，2008）。

7 Søren Kierkegaard: *Entweder-Oder* (1843), S. 332.

8 Blaise Pascal: Über die Religion (Pensées), Fragment 139, S. 76.

9 Pascal a. a. O., *Fragment* 205, S. 113.

10 Søren Kierkegaard. Zit. Ritter et al.: *Historisches Wörterbuch der Philosophie* Band 5, S. 30.

11 Joseph von Eichendorff. Zit. *Pikulik: Romantik als Ungenügen an der Normalität*, S. 225.

12 Ludwig Tieck: *William Lovell*, S. 390.

13 Ludwig Tieck: *Abendgespräche*. Zit. Pikulik a. a. O., S. 227.

14 Jean-Jacques Rousseau: *Emil oder Über die Erziehung*, S. 379.

15 Gerhard Schulze: *Die Erlebnisgesellschaft*, S. 115 f.

16 Heidegger: *Die Grundbegriffe der Metaphysik. Welt-Endlichkeit-Einsamkeit* (1929/30). Gesamtausgabe Band 29/30, S. 119.

17 Heidegger a. a. O., S. 200 f.

18 Heidegger a. a. O., S. 223.

第二章　開始的時間

1 Franz Kafka an Milena, 24. Januar 1922.

2 Claus Leggewie: *Von Schneider zu Schwerte*.

3 Daniel Haufler: *Kommunikatives Beschweigen*.

4 Arthur Rimbaud an Georges Izambard, 13. Mai 1871.
5 Friedrich Nietzsche: *Unzeitgemäße Betrachtungen II*. Kritische Studienausgabe Band 1, S. 253.
6 Henri Bergson:*Philosophie der Dauer*, S. 59 f.
7 Jorge Luis Borges: *Das unerbittliche Gedächtnis*, S. 93 ff.
8 Reinhart Koselleck: *Ergangene Zukunft*, S. 349 ff.
9 Augustinus: *Bekenntnisse*, S. 330.
10 Sibylle Lewitscharoff: *Von der Machbarkeit*, S. 12.
11 Immanuel Kant:*Die Metaphysik der Sitten* (1785/97). Werke Band VIII, S. 394 und Band XII, S. 682.
12 Hannah Arendt: *Vita activa*, S. 243.

第三章　憂慮的時間

1 Martin Heidegger: *Sein und Zeit* (1927), S. 375.
2 Heidegger a. a. O., S. 198.
3 Johann Wolfgang Goethe, *Faust II*, Verse 11384, 11453 f., 11462–66. Münchner Ausgabe Band 18.1, S. 328, 330。（譯按：中譯見：《浮士德》，遠景，1982。）
4 Immanuel Kant: *Kritik der reinen Vernunft* (1781). Werke Band III, S. 136.
5 Hans Blumenberg: *Beschreibung des Menschen*, S. 146.
6 Martin Heidegger: *Sein und Zeit*, S. 262.

7 Elias Canetti: *Die Befristeten* (1964).
8 Ödön von Horváth: *Zur schönen Aussicht* (1926), S.67.
9 Daniel Everett: *Das glücklichste Volk*.
10 Risikogesellschaft: Ulrich Beck: *Risikogesellschaft*.
11 François Ewald: *Der Vorsorgestaat*, S. 537.
12 Goethe a. a. O., Verse 11426 f., S. 329.
13 Goethe a. a. O., Verse 11391, 11410 ff., S. 328 f.

第四章　社會化的時間

1 Aristoteles, Physik IV, 11,219b. Zit. Ritter et al.: *Historisches Wörterbuch der Philosophie Band 12*, S. 1199。（中譯見：《物理學》，徐開來譯，中國人民大學出版社，1991。）
2 Seneca. Zit. Whitrow: *Die Erfindung der Zeit*, S. 109.
3 Norbert Elias: *Über die Zeit*.
4 Marcel Proust: *Auf der Suche nach der verlorenen Zeit 3*, S. 182, 183, 187.
5 Walter Benjamin: *Das Kunstwerk im Zeitalter seiner technischen Reproduzierbarkeit* (1936), S. 18。（中譯另見：《迎向靈光消逝的年代》，許綺玲譯，台灣攝影，1999：「我們可以把它定義為遙遠之物的獨一顯現，雖遠，仍近在眼前。」）
6 Johann Wolfgang Goethe: *Wilhelm Meisters Lehrjahre*, Sechstes Buch, *Bekenntnisse einer schönen Seele*. Münchner Ausgabe Band 5, S. 408.

7 Reinhart Koselleck: *Vergangene Zukunft*, S. 17 ff.

第五章　時間管理

1 Weinrich: *Knappe Zeit*, S. 189.
2 Paulus: *1. Thessalonicher* 5,2.
3 Rosa: *Beschleunigung*, S. 93.
4 Niklas Luhmann: *Die Gesellschaft der Gesellschaft*. Vgl. Band I, S. 224 ff.
5 Niklas Luhmann. Zit. Rosa a. a. O., S. 282.
6 Karl Marx/Friedrich Engels: *Werke* (MEW) Band 4, S. 467, 465.
7 Johann Wolfgang Goethe, *Faust I*, Verse 1770 f. Münchner Ausgabe Band 6.1, S. 583.
8 Helga Nowotny: *Eigenzeit*, S. 52.
9 Georg Simmel: *Das Individuum und die Freiheit*, S. 192 f.
10 Hartmut Rosa: *Beschleunigung*, S. 198.
11 Heinrich Heine: *Lutetia*, Zweiter Teil, LVII. *Sämtliche Schriften Band 5*, S. 449.
12 Wolfgang Schivelbusch: *Geschichte der Eisenbahnreise*, S. 59 f., 62, 63.
13 Arthur Schopenhauer: *Die Welt als Wille und Vorstellung II*. Werke Band II, S. 11.
14 Wilhelm Heinrich Wackenroder: *Ein wunderbares morgenländisches Märchen von einem nackten Heiligen*. Werke, S. 304 f.

第六章　人的一生和世界時間

1 Über Wahrheit und Lüge im außermoralischen Sinne, *Kritische Studienausgabe Band 1*, S. 875.

2 Augustinus: *Bekenntnisse*, S. 312.

3 William James: *The Perception of Time* (1886). Zit. Zimmerli et al.: *Klassiker der modernen Zeitphilosophie*, S. 35.

4 Ernst Pöppel: *Grenzen des Bewusstseins*, S. 13 ff.

5 Johann Wolfgang Goethe, *Faust II*, Verse 11583 f., Münchner Ausgabe Band 18.1, S. 335.

6 Albert Camus: *Der Mythos von Sisyphos*, S. 17。（中譯見《薛西弗斯的神話》，沈台訓譯，商周出版，2015。）

7 Friedrich Schlegel: *Athenäumsfragmente*. Kritische Schriften.

8 Karl Marx / Friedrich Engels: *Werke* (MEW) Band 1, S. 379.

9 Safranski: *Ein Meister aus Deutschland*, S. 53.

10 Immanuel Kant: *Allgemeine Naturgeschichte*. Werke Band I, S. 335。

11 Johann Wolfgang Goethe, *Faust II*, Verse 8324–26. Münchner Ausgabe Band 18.1, S. 227.

12 Immanuel Kant: *Anthropologie in pragmatischer Hinsicht*. Werke Band XII, S. 676.

第七章　宇宙時間

1 Bernulf Kanitscheider: Vom Anfang und Ende der Zeit. In: *Am Fluß des Heraklit*, S. 131 ff.

2 Bertrand Russell. Zit. Wetz: *Lebenswelt und Weltall*, S. 467.

3 Albert Einstein. Zit. Klein: *Zeit. Der Stoff, aus dem das Leben ist*, S. 266.

4 Leibniz: Gottfried Wilhelm Leibniz: *Nouveaux Essais sur L'entendement humain* (Neue Abhandlungen über den menschlichen Verstand). 1704.

5 Albert Einstein. Zit. de Padova: *Leibniz, Newton und die Erfindung der Zeit*, S. 294.

6 Albert Einstein: *Mein Weltbild. Klassiker des modernen Denkens*, S. 20.

7 Immanuel Kant: *Kritik der praktischen Vernunft*. Werke Band VII, S. 300.

第八章　屬己時間

1 Hermann Lübbe: *Zivilisationsdynamik*, S. 34.

2 Peter Glotz: *Die beschleunigte Gesellschaft*.

3 Hugo von Hofmannsthal: *Terzinen. Über Vergänglichkeit, Gesammelte Werke, Gedichte und Lyrische Dramen*, S. 17.

4 Bertolt Brecht: *Erinnerung an die Marie A*. Werke Band 11, S. 92 f.

5 Rainer Maria Rilke: *Herbst*. Sämtliche Werke Band 1, S. 400.

6 Jean-Paul Sartre: *Das Sein und das Nichts* (1943), S. 269 ff.

7 Sartre a. a. O., 119.

8 Sartre a. a. O., 256.

9 Karl Jaspers: *Philosophie II, Existenzerhellung* (1932), S. 42 ff.

10 Alexander von Humboldt, 12. Februar 1850 an Hermann von Helmholtz. Zit. Sommer:

Lebenswelt und Zeitbewußtsein, S. 153.

11 Manfred Sommer: *Lebenswelt und Zeitbewußtsein.*

12 Edmund Husserl: *Zur Phänomenologie des inneren Zeitbewußtseins* (1893 ff.; 1928).

第九章　和時間玩遊戲

1 Ernst Cassirer: *Philosophie der symbolischen Formen*, Band 1, 1994, S. 183.

2 Roberto Calasso: *Der Untergang von Kasch.*

3 Leo Frobenius: *Kulturgeschichte Afrikas* (1933), S. 265, 266, 264.

4 Michail M. Bachtin: *Chronotopoi* (1975).

5 Dante Alighieri: *Die Göttliche Komödie*, S. 25 (Erster Gesang, Verse 1-3)。（中譯見：《神曲》，黃國彬譯註，九歌，2003。）

6 Novalis: *Heinrich von Ofterdingen*. Zweiter Teil. Werke Band 1, S.373.

7 Homer: *Odyssee*, IX. Gesang, Verse 94 ff.

8 Alain-Fournier: *Der große Kamerad* (Le Grand Meaulnes, 1913), S. 7 f.

9 Sophokles: *König Oidipus.*

10 Henrik Ibsen: *Die Wildente* (1884).

11 William Shakespeare: *Hamlet*. Übersetzung August Wilhelm Schlegel, I/2 (S. 106); *Hamlet* I/5 (S. 123); *Hamlet* V/1 (S. 211)。中譯見：《哈姆雷特》，朱生豪譯，世界書局，1996。「啊！罪惡的匆促，這樣迫不及待地鑽進了亂倫的衾被！那不是好事，也不會有好結果；可是碎了吧！我的心，因為我必須噤住我的嘴。」（第一幕第一場）「這

是一個顛倒混亂的時代，唉，倒楣的我卻要負起重整乾坤的責任。」（第一幕第五場）「因為我雖然不是一個暴躁易怒的人，可是我的火性發作起來，是很危險的，你還是不要激怒我吧。」

12 Johann Wolfgang Goethe: *Über epische und dramatische Dichtung*. Münchner Ausgabe Band 4.2, S. 126.

13 *Schiller an Goethe*, 26. Dezember 1797. Goethe: Münchner Ausgabe Band, 8.1, S. 473.

14 Gotthold Ephraim Lessing: L*aokoon*. Werke Band VI, S. 25 f.

15 Lessing a. a. O., S. 26.

16 Helmut Lethen: *Der Schatten des Fotografen*, S. 236.

17 Ernst Bloch: *Das Prinzip Hoffnung*. Werke Band 5, S. 338; für das Bild vgl. Ernst Bloch:*Verfremdungen I*, S. 10 ff.

18 Marcel Proust: *Auf der Suche nach der verlorenen Zeit 7*, S. 256.（中譯見：《追憶似水年華（七）：重現的時光》，徐和瑾，周國強譯，聯經，1992。）

19 Proust 7, S. 334.

20 Proust 7, S. 257.

21 vgl. Arthur Schopenhauer: *Die Welt als Wille und Vorstellung I,* S. 365 ff.

22 Bernd Alois Zimmermann: *Intervall und Zeit*, S. 14.

第十章　成熟的時間和永恆

1 Platon: *Timaios*. Sämtliche Werke Band 8, S. 257。中譯見：《蒂邁歐篇》，王曉朝譯，《柏

拉圖全集》第三卷，人民出版社，2003。

2 Ludwig Wittgenstein: *Tractatus logico-philosophicus*, S. 113 (6.4311)。中譯見：《邏輯哲學論叢》，陳榮波譯，收錄於《語言謎宮的嚮導：維根斯坦》，時報出版，1983。

3 Augustinus: *Bekenntnisse*, S. 318。原文作：「有一點已經非常明顯，即：將來和過去並不存在。說時間分過去、現在和將來三類是不確當的。或許說：時間分過去的現在、現在的現在和將來的現在比較確當。這三類存在我們心中，別處找不到：過去事物的現在便是記憶，現在事物的現在便是直接感覺，將來事物的現在便是期望。」（中譯見：《懺悔錄》，周士良譯，台灣商務，1998。）

4 *Die Welt als Wille und Vorstellung*, Drittes Buch §38. Werke Band 1, S. 263。中譯見：《作為意志和表象的世界》，石冲白譯，新雨出版，2016。

5 John McTaggert: *Die Irrealität der Zeit*, S.67 ff.

6 Friedrich Nietzsche: *Ecce homo. Also sprach Zarathustra 3*. Kritische Studienausgabe Band 6, S. 339.

7 Hugo von Hofmannsthal: *Ein Brief* (1902). Gesammelte Werke, Prosa II, S. 14, 12, 15.

8 *Der Dichter und diese Zeit* (1907). Gesammelte Werke, Prosa II, S. 296.

9 Hugo von Hofmannsthal: *Ad me ipsum*. Aufzeichnungen. Gesammelte Werke, Prosa II, S. 219.

10 Theodor W. Adorno: *Ästhetische Theorie*. Gesammelte Schriften Band 7, S, 17. 中譯見：《美學理論》上冊，林宏濤、王華君譯，美學書房，2000。

11 Marcel Proust: *Auf der Suche nach der verlorenen Zeit 5*, S. 264。中譯見：《追憶似水年

華（五）：女囚》，周克希、張小魯、張寅德譯，聯經，1992。

12 Marcel Proust: *Auf der Suche nach der verlorenen Zeit 7*, S. 510。中譯見：《追憶似水年華（七）：重現的時光》，徐和瑾、周國強譯，聯經，1992。

13 Sigmund Freud: *Zeitgemäßes über Krieg und Tod* (1915). *Freud-Studienausgabe Band IX*, S. 49.

14 Platon: *Phaidon*, 12. Kapitel (67 d/e). Sämtliche Werke Band 3, S.20。中譯見：《斐多篇》，王曉朝譯，《柏拉圖全集》第一卷，人民出版社，2002。

15 Paulus: *1. Thessalonicher4*,17.

16 Paul Tillich: *Systematische Theologie III* (1955–66), S. 467。中譯見：《系統神學》卷三，盧恩盛譯，東南亞神學院協會台灣分院，1988。

17 Ernst Tugendhat: *Egozentrizität und Mystik.*

18 Max Scheler: *Schriften aus dem Nachlass*, S. 339.

19 Hans-Georg Gadamer: *Über leere und erfüllte Zeit* (1969). Zit. Zimmerli et al.: *Klassiker der modernen Zeitphilosophie*, S. 288.

作者識

我要感謝呂生教授（Jörn Rüsen）和梅卡多基金會（Stiftung Mercator）於二〇〇九年邀請我參加埃森文化科學院（Kulturwissenschaftliche Institut Essen, KWI）的「人文主義講演」（Reden über den Humanismus）的系列講座。當時所發表的對於「時間」的思考是這部作品的緣起。

參考文獻

Theodor W. Adorno: Gesammelte Schriften. Frankfurt am Main 1970

Alain-Fournier: Der große Kamerad (Le Grand Meaulnes, 1913). Übersetzung Arthur Seiffhart. Konstanz 1946

Hannah Arendt: Vita activa. München 1960

Aleida Assmann: Ist die Zeit aus den Fugen? München 2013

Jan Assmann: Steinzeit und Sternzeit. München 2011

Augustinus: Bekenntnisse (397–401 n. Chr.). Eingeleitet und übertragen von Wilhelm Timme. München 1982

Michail M. Bachtin: Chronotopoi (1975). Frankfurt am Main 2008

Ulrich Beck: Risikogesellschaft. Auf dem Weg in eine andere Moderne. Frankfurt am Main 1986

Samuel Beckett: Warten auf Godot (1952). Frankfurt am Main 1970

Alfred Bellebaum: Langeweile, Überdruß und Lebenssinn. Opladen 1990

Walter Benjamin: Das Kunstwerk im Zeitalter seiner technischen Reproduzierbarkeit (1936). Frankfurt am Main 1963

Henri Bergson: Zeit und Freiheit. Frankfurt am Main 1989

Henri Bergson: Philosophie der Dauer. Textauswahl von Gilles Deleuze. Hamburg 2013

Peter Bieri: Zeit und Zeiterfahrung. Frankfurt am Main 1972

Ernst Bloch: Das Prinzip Hoffnung. Frankfurt am Main 1954–59

Ernst Bloch: Verfremdungen I. Frankfurt am Main 1962

Hans Blumenberg: Lebenszeit und Weltzeit. Frankfurt am Main 1986

Hans Blumenberg: Beschreibung des Menschen. Frankfurt am Main 2006

Jorge Luis Borges: Das unerbittliche Gedächtnis. In: J. L. B.: Blaue Tiger und andere Geschichten. München 1988

Bertolt Brecht: Werke. Berlin und Frankfurt am Main 1988 ff.

Roberto Calasso: Der Untergang von Kasch. Frankfurt am Main 1997

Albert Camus: Der Mythos von Sisyphos. Ein Versuch über das Absurde. Hamburg 1959

Elias Canetti: Die Befristeten. München 1964

Ernst Cassirer: Philosophie der symbolischen Formen. Darmstadt 1953

Steven Cave: Unsterblich. Die Sehnsucht nach dem ewigen Leben als Triebkraft unserer Zivilisation. Frankfurt am Main 2012

E. M. Cioran: Vom Nachteil, geboren zu sein (1973). Frankfurt am Main 1979

Dante Alighieri: Die Göttliche Komödie. Deutsch von Karl Vossler. Zürich o. J.

Friedhelm Decher: Besuch vom Mittagsdämon. Philosophie der Langeweile. Springe 2003

Gerhard Dohrn-van Rossum: Die Geschichte der Stunde. Uhren und moderne Zeitordnungen. München 1992

Günter Dux: Die Zeit in der Geschichte. Frankfurt am Main 1989

Albert Einstein: Mein Weltbild. Klassiker des modernen Denkens. Stuttgart o. J.

Norbert Elias: Über die Zeit. Frankfurt am Main 1984

Daniel Everett: Das glücklichste Volk. Sieben Jahre bei den Pirahã-Indianern am Amazonas. München 2010

François Ewald: Der Vorsorgestaat. Frankfurt am Main 1993

Kurt Flasch: Was ist Zeit? Frankfurt am Main 1993
Manfred Frank: Zeitbewußtsein. Pfullingen 1990
Julius T. Fraser: Die Zeit. Auf den Spuren eines vertrauten und doch fremden Phänomens. München 1991
Sigmund Freud: Freud-Studienausgabe. Frankfurt am Main 1974
Leo Frobenius: Kulturgeschichte Afrikas (1933). Berlin/Darmstadt/Wien o.J.
Hans-Georg Gadamer: Über leere und erfüllte Zeit (1969). In: Zimmerli et al.: Klassiker der modernen Zeitphilosophie. Darmstadt 1993
Karlheinz A. Geißler: Alles hat seine Zeit, nur ich hab keine. Wege in eine neue Zeitkultur. München 2011
Antje Gimmler / Mike Sandbothe / Walter Ch. Zimmerli (Hgg.): Die Wiederentdeckung der Zeit. Darmstadt 1997
Peter Glotz: Die beschleunigte Gesellschaft. Kulturkämpfe im digitalen Kapitalismus. München 1999
Karen Gloy: Philosophiegeschichte der Zeit. München 2008
Johann Wolfgang Goethe: Sämtliche Werke nach Epochen seines Schaffens. Münchner Ausgabe. München 1985–1998 (Hanser Klassiker)
J. Richard Gott: Zeitreisen in Einsteins Universum. Reinbek bei Hamburg 2002
Brian Greene: Der Stoff, aus dem der Kosmos ist. München 2004
Michael Großheim: Zeithorizont. Zwischen Gegenwartsversessenheit und langfristiger Orientierung. Freiburg 2012
Gerald Hartung (Hg.): Mensch und Zeit. Wiesbaden 2015
Daniel Haufler: Kommunikatives Beschweigen. taz 18. Juni 2006
Stephen W. Hawking: Eine kurze Geschichte der Zeit. Reinbek bei Hamburg 1988
Martin Heidegger: Sein und Zeit (1927). Tübingen 1963
Martin Heidegger: Gesamtausgabe. Frankfurt am Main 1975 ff.

Heinrich Heine: Sämtliche Schriften. München 1968–76 (Hanser Klassiker)

Bruno Hillebrand: Ästhetik des Augenblicks. Göttingen 1999

Hugo von Hofmannsthal: Gesammelte Werke in Einzelausgaben. Stockholm/Frankfurt am Main 1945–59

Homer: Odyssee (Übersetzung Johann Heinrich Voß) 1781

Gottfried Honnefelder (Hg.): Was also ist die Zeit? Frankfurt am Main 1989

Ödön von Horváth: Zur schönen Aussicht (1926). Gesammelte Werke Band 3. Frankfurt am Main 1978

Edmund Husserl: Zur Phänomenologie des inneren Zeitbewußtseins (1893 ff.; 1928). Hamburg 2013

Henrik Ibsen: Die Wildente (1884). Sämtliche Werke, Vierter Band. Berlin 1907

William James: The Perception of Time (1886). In: Zimmerli et al.: Klassiker der modernen Zeitphilosophie. Darmstadt 1993

Karl Jaspers: Philosophie II, Existenzerhellung (1932). Heidelberg 1973

François Jullien: Über die »Zeit«. Elemente einer Philosophie des Lebens. Zürich 2004/2009

Wolfgang Kaempfer: Die Zeit und die Uhren. Frankfurt am Main und Leipzig 1991

Wolfgang Kaempfer: Zeit des Menschen. Frankfurt am Main und Leipzig 1994

Bernulf Kanitscheider: Kosmologie. Stuttgart 1984, 1991

Bernulf Kanitscheider: Vom Anfang und Ende der Zeit. In: Am Fluß des Heraklit. Neue kosmologische Perspektiven. Frankfurt am Main 1993

Bernulf Kanitscheider: Auf der Suche nach dem Sinn. Frankfurt am Main und Leipzig 1995

Immanuel Kant: Werke. Frankfurt am Main 1968

Søren Kierkegaard: Entweder – Oder (1843). München 1975

Stefan Klein: Zeit. Der Stoff, aus dem das Leben ist. Frankfurt am Main 2006

Albrecht Koschorke: Wahrheit und Erfindung. Grundzüge einer Allgemeinen Erzähltheorie. Frankfurt am Main 2012

Reinhart Koselleck: Vergangene Zukunft. Zur Semantik geschichtlicher Zeiten. Frankfurt am Main 1979

Reinhart Koselleck: Zeitgeschehen. Frankfurt am Main 2000

Achim Landwehr: Geburt der Gegenwart. Eine Geschichte der Zeit im 17. Jahrhundert. Frankfurt am Main 2014

Claus Leggewie: Von Schneider zu Schwerte. Das ungewöhnliche Leben eines Mannes, der aus der Geschichte lernen wollte. München 1998

Gottfried Wilhelm Leibniz: Nouveaux Essais sur L'entendement humain (Neue Abhandlungen über den menschlichen Verstand). 1704

Leibniz. Ausgewählt und vorgestellt von Thomas Leinkauf. München 1996

Gotthold Ephraim Lessing: Werke. München 1970–79 (Hanser Klassiker)

Helmut Lethen: Der Schatten des Fotografen. Bilder und ihre Wirklichkeit. Berlin 2014

Sibylle Lewitscharoff: Von der Machbarkeit. Die wissenschaftliche Bestimmung über Geburt und Tod. Dresdner Rede, 2. März 2014

Hermann Lübbe: Zivilisationsdynamik. Über die Aufdringlichkeit der Zeit im Forstschritt. In: Sandbothe et al.: Zeit – Medien – Wahrnehmung. Darmstadt 1994

Hermann Lübbe: Modernisierungsgewinner. München 2004

Niklas Luhmann: Die Gesellschaft der Gesellschaft. Frankfurt am Main 1997

Klaus Mainzer: Zeit. Von der Urzeit zur Computerzeit. München 1995

Thomas Mann: Der Zauberberg (1924). Frankfurt am Main 1974

Odo Marquard: Kleine Anthropologie der Zeit. In: O. M.: Individuum und Gewaltenteilung. Stuttgart 2004

Karl Marx / Friedrich Engels: Werke (MEW). Berlin (DDR) 1956–90

John McTaggert Ellis McTaggert (sic): Die Irrealität der Zeit. In: Zimmerli et al.: Klassiker der modernen Zeitphilosophie. Darmstadt 1993

Maurice Merleau-Ponty: Phänomenologie der Wahrnehmung. Berlin 1966

Burkhard Müller: Über die Zeit. In: B. M.: Die Tränen des Xerxes. Springe 2006

Friedrich Nietzsche: Kritische Studienausgabe. München 1980

Novalis: Werke, Tagebücher und Briefe Friedrich von Hardenbergs. München 1978–87 (Hanser Klassiker)

Helga Nowotny: Eigenzeit. Entstehung und Strukturierung eines Zeitgefühls. Frankfurt am Main 1989

Thomas de Padova: Leibniz, Newton und die Erfindung der Zeit. München 2013

Blaise Pascal: Über die Religion (Pensées). Berlin 1937

Lothar Pikulik: Romantik als Ungenügen an der Normalität. Am Beispiel Tiecks, Hoffmanns, Eichendorffs. Frankfurt am Main 1979

Platon: Phaidon. Sämtliche Werke. Hamburg 1957–59

Platon: Timaios. Sämtliche Werke. Frankfurt am Main und Leipzig 1991

Plotin: Über Ewigkeit und Zeit. Hg. Werner Beierwaltes. Frankfurt am Main 1995

Ernst Pöppel: Grenzen des Bewusstseins. Über Wirklichkeit und Welterfahrung. München 1987

Marcel Proust: Auf der Suche nach der verlorenen Zeit. Frankfurt am Main 1988–2007

Fritz Reheis: Die Kreativität der Langsamkeit. Darmstadt 1998

Otfried Reinke (Hg.): Ewigkeit? Klärungsversuche aus Natur- und Geisteswissenschaften. Göttingen 2004

Wilhelm Josef Revers: Die Psychologie der Langeweile. Meisenheim am Glan 1949

Rainer Maria Rilke: Sämtliche Werke. Frankfurt am Main 1955

Joachim Ritter und Karlfried Gründer (Hgg.): Historisches Wörterbuch der Philosophie. Basel 1971–2007

Hartmut Rosa: Beschleunigung. Die Veränderung der Zeitstrukturen in der Moderne. Frankfurt am Main 2005

Hartmut Rosa: Weltbeziehungen im Zeitalter der Beschleunigung. Berlin 2012

Hartmut Rosa: Beschleunigung und Entfremdung. Berlin 2013

Jean-Jacques Rousseau: Emil oder Über die Erziehung. In deutscher Fassung besorgt von Ludwig Schmidts. Paderborn 1975

Rüdiger Safranski: Schopenhauer und Die wilden Jahre der Philosophie. München 1987

Rüdiger Safranski: Ein Meister aus Deutschland. Heidegger und seine Zeit. München 1994

Rüdiger Safranski: Nietzsche. Biographie seines Denkens. München 2000

Mike Sandbothe und Walter Ch. Zimmerli (Hgg.): Zeit – Medien – Wahrnehmung. Darmstadt 1994

Mike Sandbothe: Die Verzeitlichung der Zeit. Darmstadt 1998

Jean-Paul Sartre: Das Sein und das Nichts (1943). Reinbek 1993

Max Scheler: Schriften aus dem Nachlass. Bonn 1987

Wolfgang Schivelbusch: Geschichte der Eisenbahnreise. Zur Industrialisierung von Raum und Zeit im 19. Jahrhundert. München 1977

Friedrich Schlegel: Athenäumsfragmente. Kritische Schriften. München 1970

Arthur Schopenhauer: Die Welt als Wille und Vorstellung. Werke Band 1, hg. Werner Brede. München 1977

Arthur Schopenhauer: Werke, hg. Wolfgang Frhr. von Löhneysen. Frankfurt am Main 1986

Gerhard Schulze: Die Erlebnisgesellschaft. Kultursoziologie der Gegenwart. Frankfurt am Main/New York 1995

William Shakespeare: Werke. Leipzig 1927

Georg Simmel: Das Individuum und die Freiheit. Berlin 1984

Lee Smolin: Im Universum der Zeit. München 2014

Manfred Sommer: Lebenswelt und Zeitbewußtsein. Frankfurt am Main 1990

Sophokles: König Oidipus. Tragödien. München 1985

Emil Staiger: Die Zeit als Einbildungskraft des Dichters. Zürich 1953

Michael Theunissen: Negative Theologie der Zeit. Frankfurt am Main 1991

Michael Theunissen: Pindar. Menschenlos und Wende der Zeit. München 2000

Ludwig Tieck: William Lovell. Frühe Erzählungen und Romane. München 1963

Paul Tillich: Systematische Theologie III (1955–66). Berlin 1966

Ernst Tugendhat: Egozentrizität und Mystik. Eine anthropologische Studie. München 2003

Paul Virilio: Rasender Stillstand. Bewegung, Geschwindigkeit, Beschleunigung. München 1989

Wilhelm Heinrich Wackenroder: Ein wunderbares morgenländisches Märchen von einem nackten Heiligen. Werke. München 1984

Harald Weinrich: Knappe Zeit. Kunst und Ökonomie des befristeten Lebens. München 2004

Kurt Weis (Hg.): Was treibt die Zeit? Entwicklung und Herrschaft der Zeit in Wissenschaft, Technik und Religion. München 1998

Franz Josef Wetz: Lebenswelt und Weltall. Hermeneutik der unabweislichen Fragen. Stuttgart 1994

G. J. Whitrow: Die Erfindung der Zeit. Hamburg 1991

Ludwig Wittgenstein: Tractatus logico-philosophicus. Frankfurt am Main 1963

Walter Ch. Zimmerli und Mike Sandbothe (Hgg.): Klassiker der modernen Zeitphilosophie. Darmstadt 1993

Bernd Alois Zimmermann: Intervall und Zeit. Mainz 1974

國家圖書館出版品預行編目資料

時間之書 / 呂迪格．薩弗蘭斯基（Rüdiger Safranski）原著 ; 林宏濤翻譯 . -- 初版 . -- 臺北市 : 商周出版 : 家庭傳媒城邦分公司發行 , 2018.02
面；　公分

譯自 : *ZEIT. Was sie mit uns macht und was wir aus ihr machen*

ISBN 978-986-477-412-8 (平裝)

1. 時間 2. 哲學

176.233　　　107001407

The translation of this work was supported by a grant from the Goethe-Institut.
本書榮獲德國歌德學院 Goethe-Institut 「翻譯贊助計畫」支持出版
感謝歌德學院 (台北) 德國文化中心協助

歌德學院 (台北) 德國文化中心是德國歌德學院 (Goethe-Institut) 在台灣的代表機構，五十餘年來致力於德語教學、德國圖書資訊及藝術文化的推廣與交流， 不定期與台灣、德國的藝文工作者攜手合作，介紹德國當代的藝文活動。

歌德學院 (台北) 德國文化中心
Goethe-Institut Taipei
地址：100 臺北市和平西路一段 20 號 6/11/12 樓
電話：02-2365 7294
傳眞：02-2368 7542
網址：http://www.goethe.de/taipei

時間之書

原著書名 / *ZEIT. Was sie mit uns macht und was wir aus ihr machen*
作　　者 / 呂迪格．薩弗蘭斯基（Rüdiger Safranski）
譯　　者 / 林宏濤
企劃選書 / 賴芊曄
責任編輯 / 賴芊曄

版　　權 / 吳亭儀、游晨瑋
行銷業務 / 周丹蘋、林詩富
總 編 輯 / 楊如玉
總 經 理 / 彭之琬
發 行 人 / 何飛鵬
法律顧問 / 元禾法律事務所 王子文律師
出　　版 / 商周出版
115 台北市南港區昆陽街 16 號 4 樓
電話：(02) 25007008　傳眞：(02)25007579
E-mail：bwp.service@cite.com.tw
Blog：http://bwp25007008.pixnet.net/blog
發　　行 / 英屬蓋曼群島商家庭傳媒股份有限公司城邦分公司
115 台北市南港區昆陽街 16 號 8 樓
書虫客服服務專線：(02)25007718；(02)25007719
服務時間：週一至週五上午 09:30-12:00；下午 13:30-17:00
24 小時傳眞專線：(02)25001990；(02)25001991
劃撥帳號：19863813；戶名：書虫股份有限公司
讀者服務信箱：service@readingclub.com.tw
城邦讀書花園：www.cite.com.tw
香港發行所 / 城邦（香港）出版集團有限公司
香港九龍土瓜灣土瓜灣道 86 號順聯工業大廈 6 樓 A 室
E-mail：hkcite@biznetvigator.com
電話：(852) 25086231 傳眞：(852) 25789337
馬新發行所 / 城邦（馬新）出版集團【Cite (M) Sdn. Bhd.】
41, Jalan Radin Anum, Bandar Baru Sri Petaling,
57000 Kuala Lumpur, Malaysia.
Tel: (603) 90563833 Fax: (603) 90576622
Email: services@cite.my

封面設計 / 謝佳穎
排　　版 / 極翔企業有限公司
印　　刷 / 韋懋實業有限公司
經 銷 商 / 聯合發行股份有限公司
電話：(02) 2917-8022 Fax: (02) 2911-0053
地址：新北市 231 新店區寶橋路 235 巷 6 弄 6 號 2 樓

■ 2018 年 2 月初版
■ 2024 年 8 月初版 4.5 刷
定價 380 元

Printed in Taiwan

城邦讀書花園
www.cite.com.tw

 ISBN 978-986-477-412-8

商周出版

廣　告　回　函
北區郵政管理登記證
北臺字第000791號
郵資已付，免貼郵票

115　台北市南港區昆陽街 16 號 8 樓

英屬蓋曼群島商家庭傳媒股份有限公司城邦分公司　收

請沿虛線對摺，謝謝！

商周出版

書號：BP6024	書名：時間之書	編碼：

請於此處用膠水黏貼

商周出版

讀者回函卡

感謝您購買我們出版的書籍！請費心填寫此回函卡，我們將不定期寄上城邦集團最新的出版訊息。

不定期好禮相贈！
立即加入：商周出版
Facebook 粉絲團

姓名：＿＿＿＿＿＿＿＿＿＿＿＿＿＿＿＿ 性別：□男　□女

生日：西元＿＿＿＿＿＿年＿＿＿＿＿＿月＿＿＿＿＿＿日

地址：＿＿＿＿＿＿＿＿＿＿＿＿＿＿＿＿＿＿＿＿＿＿

聯絡電話：＿＿＿＿＿＿＿＿＿＿ 傳真：＿＿＿＿＿＿＿＿＿＿

E-mail：

學歷：□ 1. 小學 □ 2. 國中 □ 3. 高中 □ 4. 大學 □ 5. 研究所以上

職業：□ 1. 學生 □ 2. 軍公教 □ 3. 服務 □ 4. 金融 □ 5. 製造 □ 6. 資訊
□ 7. 傳播 □ 8. 自由業 □ 9. 農漁牧 □ 10. 家管 □ 11. 退休
□ 12. 其他＿＿＿＿＿＿＿＿＿＿＿＿＿＿＿＿

您從何種方式得知本書消息？

□ 1. 書店 □ 2. 網路 □ 3. 報紙 □ 4. 雜誌 □ 5. 廣播 □ 6. 電視
□ 7. 親友推薦 □ 8. 其他＿＿＿＿＿＿＿＿＿＿＿＿

您通常以何種方式購書？

□ 1. 書店 □ 2. 網路 □ 3. 傳真訂購 □ 4. 郵局劃撥 □ 5. 其他＿＿＿＿

您喜歡閱讀那些類別的書籍？

□ 1. 財經商業 □ 2. 自然科學 □ 3. 歷史 □ 4. 法律 □ 5. 文學
□ 6. 休閒旅遊 □ 7. 小說 □ 8. 人物傳記 □ 9. 生活、勵志 □ 10. 其他

對我們的建議：＿＿＿＿＿＿＿＿＿＿＿＿＿＿＿＿＿＿＿＿＿＿
＿＿＿＿＿＿＿＿＿＿＿＿＿＿＿＿＿＿＿＿＿＿
＿＿＿＿＿＿＿＿＿＿＿＿＿＿＿＿＿＿＿＿＿＿

請於此處用膠水黏貼